1일 3분 1공시

KB074670

1일 3분 1공시

초판 1쇄 발행 | 2020년 7월 27일
초판 5쇄 발행 | 2024년 3월 15일

지은이 | 김수헌
펴낸이 | 이원범
기획 · 편집 | 김은숙
마케팅 | 안오영
표지 · 본문 디자인 | 강선욱

펴낸곳 | 어바웃어북 about a book
출판등록 | 2010년 12월 24일 제313-2010-377호
주소 | 서울시 강서구 마곡중앙로 161-8 C동 1002호 (마곡동, 두산더랜드파크)
전화 | (편집팀) 070-4232-6071 (영업팀) 070-4233-6070
팩스 | 02-335-6078

ⓒ 김수헌, 2020
ISBN | 979-11-87150-74-9   03320

그림으로 쉽게 이해하는
1 일 3 분 1 공 시

1일 3분 1공시

김수헌 지음

유상
증자

물적
분할

상환
전환
우선주

인수
합병

RENT

감자
차손

신종
자본
증권

공모
가격

어바웃북

1일 3분이 모이면
기업공시를
정복할 수 있다!

『기업경영에 숨겨진 101가지 진실』과 『기업공시 완전정복』을 내놓은 지 벌써 몇 년이 지났습니다. '기업공시'라는 생소한 주제에도 불구하고 직장인, 투자자, 대학생 등 많은 독자가 전작을 애독해 주셨습니다. 특히 두 권의 책이 기업과 증권 담당 기자들 사이에서 교과서처럼 쓰인다는 이야기를 듣고, 내심 큰 보람을 느끼기도 했습니다.

상장기업은 중요한 경영 의사결정을 금융감독원의 전자공시시스템(DART) 같은 사이트를 통해서 회사 안팎의 이해관계자들에게 동시에 알려야 합니다. 이것을 기업공시라고 합니다. 기업공시에는 회사의 자금 조달 결정과 방법에서부터 분할이나 합병, 지주회사 전환, 중요한 영업 부문이나 자산의 양수도, 경영권 이전과 지분 변동, 주식 공개매수, 재무 내용 등에 이르기까지 웬만한 의사결정이 모두 담겨 있습니다.

기업공시를 추적해보면 기업의 과거와 현재를 이해할 수 있을 뿐만 아니라 미래도 어느 정도 가늠할 수 있습니다. 기업공시는 투자 정보로서도 아주 중요한 역할을 합니다. 공시 안에 담긴 다수의 정보가 주식시장에서 가격과 거래에 영향을 미치기 때문입니다.

그런데 많은 사람이 기업공시가 어렵다고 합니다. 맞습니다! 무작정 들여다보기만 해서는 좀처럼 이해하기 어려운 내용이 많습니다. 최근 삼광글라스 계열 3사 간에 서로 얽힌 투자 지분을 재편하기로 했다는 공시가 있었습니다. 분할과 합병을 거쳐 지주회사 체제로 전환할 것이라는 내용입니다. 공시 이후 삼광글라스 일반 투자자들은 합병비율이 불리하게 결정되었다며 합병에 이의를 제기하는 등 진통이 뒤따랐습니다. 회사를 어떻게 분할하고, 어떻게 합병하며, 합병가치 및 합병과 분할 비율은 어떻게 정하는지, 분할해 따로 뗀 사업 부문을 곧바로 다른 회사에 합병시키는 분할합병이 주주에게 어떤 영향을 미치는지 등에 관해 모른다면 이런 공시를 제대로 이해하고 대처하기는 쉽지 않습니다.

필자는 두 권의 기업공시 관련 책을 집필하면서 독자들이 풍부한 실제 사례를 통해 다양한 공시를 체계적으로 이해할 수 있게 하는데 주안점을 뒀습니다. 이후 다양한 연령과 직업군의 수강생을 상대로 강의하고 그들의 눈높이에 맞춰 강의 교안을 제작하는 과정에서 한 가지 중요한 결론을 얻게 되었습니다.

어려운 공시를 쉽게 이해시키는데 그림만큼 효과적인 수단이 없다는 것입니다. 백문불여일견(百聞不如一見)이라고 하지요. 이 책은 어떤 페이지를 넘겨도 왼쪽에는 텍스트, 오른쪽에는 그림이 있습니다. 텍스트 페이지에 담긴 내용을 그림으로 표현해 함께 보여줌으로써, 다시 한 번 머릿속에 새길 수 있도록 구성했습니다. 그림은 내용에 대한 이해를 돕는 동시에 머릿속에 그 내용을 각인시키는 역할을 합니다.

예를 들어 기업분할 방식에는 물적분할과 인적분할이 있습니다. 물적분할은 분할로 떨어져 나가는 신설법인이 발행하는 주식 전부를 존속법인이 가지는 방식입니다. 즉, 존속법인과 신설법인이 100% '모회사-자회사' 구조로 바뀌는 것이지요. 어떠신가요? 글만 읽어서는 쉽게 이해되지 않지요? 이 책 101쪽을 펼쳐서 그림을 한 번 보세요. 알 듯 말 듯 하던 내용이 단박에 이해되는 경험을 하게 될 것입니다. 그림과 함께 공부하면 훨씬 쉽게 이해할 수 있을 뿐만 아니라, 기억에 오래 남습니다.

최근 젊은 세대에서는 1분이나 10분 이내의 짧은 영상을 주고받는 숏폼 동영상 공유 서비스가 인기라고 합니다. 책도 다르지 않아서, 하나의 주제를 다루는 호흡이 점차 짧아지고 있다고 합니다. 그래서 이 책은 하나의 주제를 한 페이지의 글과 한 페이지의 그림으로 압축해 보여드립니다. 하나의 주제를 3분 이내로 읽을 수 있도록 구성한 것이죠. 자기 전에 잠깐, 지하철 타고 이동하면서 잠깐, 컵라면에 물 부어 놓고 기다리면서 잠깐……. '노적성해(露積成海)'. 한 방울의 물이 모여서 바다를 이룬다는 말이 있지요. 이런 많은 '짬'이 모여 어느새 기업공시를 정복하게 될 것입니다.

필자는 이번에 『이것이 실전회계다』, 『하마터면 회계를 모르고 일할 뻔했다!』에 이어 새로운 회계 책도 출간했습니다. 이 책과 마찬가지로 그림을 통해 회계의 개념과 기본 원리를 다지고, 실제 사례를 통해 재무제표를 확실하게 이해할 수 있도록 구성했습니다.

'주린이'라는 말 들어보셨나요? 주린이는 '주식'과 '어린이'의 합성어로, 주식 초보를 일컫는 신조어입니다. 코로나19 여파로 주식시장이 큰 폭으로 하락하자 이를 투자 기회로 삼고 주식에 입문하는 주린이들이 늘어나고 있다고 합니다. 이들 중에는 대출을 받거나 노후자금을 털어 '묻지마 투자'를 하는 사람들이 많다고 합니다. 이런 기사를 접할 때면 무척 안타깝습니다. 소문과 감에 의존해 금쪽같은 재산을 쏟아붓다니요. '투기'가 아닌 '투자'가 되려면 투자할 기업을 철저하게 분석해야 합니다. 기업공시에 그 답이 있습니다.

또 한 권의 책이 아니라 새로운 책을 내는 과정은 생각보다 힘들었습니다. 어바웃어북의 김은숙 에디터의 도움과 조언이 없었더라면 새 책을 내기가 쉽지 않았을 것입니다. 깊이 감사드립니다.

2020년 7월
김수헌

C O N T E N T S

CHAPTER
01
유상증자와
무상증자의 쓸모

CHAPTER 02 '자본금 다이어트' 감자의 모든 것

CHAPTER 03 기업을 왜 쪼개고 나누는가? 분할과 지주회사 전환

CHAPTER
04

함께하면 시너지가 두 배, 기업합병 파헤치기

CHAPTER 05
유용한 자금 조달 수단, CB·BW·EB 완전정복

CHAPTER 06

성장세에 날개를 달아줄까? IPO와 상장

CHAPTER 07
RCPS, 영구채, 공개매수, 주식의 포괄적 교환

CHAPTER 01

유상증자와
무상증자의
쓸모

현대산업개발이 아시아나항공을 인수하는 방법

●●● 2019년 11월 HDC현대산업개발이 아시아나항공을 인수한다고 발표했습니다. HDC현대산업개발은 2020년 4월까지 아시아나항공에 총 2조 5000억 원을 투입하기로 했습니다. 금호산업이 가진 아시아나항공 지분 31%를 매입하는데 3200억 원, 아시아나항공이 발행하는 신주(新株)를 사들이는데 1조 1800억 원을 집행하기로 했습니다. 이를 통해 HDC현대산업개발은 아시아나항공 지분을 60% 넘게 확보하기로 했지요. 그러나 이후 코로나 사태 등으로 2020년 6월 현재 인수 여부가 불확실한 상황입니다.

국내 1위 여행사 하나투어는 사모펀드(IMM프라이빗에쿼티)를 대상으로 신주를 발행했습니다. 사모펀드 IMM프라이빗에쿼티는 유상증자를 통해 하나투어의 최대 주주가 되었습니다.

회사가 외부 투자자를 대상으로 신주를 발행하면 대주주가 바뀌는 경우가 있습니다. 회사는 투자나 운영 자금을 마련하기 위해 기존 주주들을 대상으로 신주를 발행하기도 합니다. 또 회사는 주주들에게 주식을 공짜로 나눠주기도 합니다.

반면, 주주들이 가지고 있는 멀쩡한 주식을 회사가 땡전 한 푼 주지 않고 회수해 소각하는 일도 있습니다. 시세보다 조금 더 비싼 가격으로 회사가 주식을 재매입해 소각하기도 합니다.

회사는 왜 신주를 유상 또는 무상으로 발행하거나, 기존 주식을 유상 또는 무상으로 회수해 소각하는 것일까요?

[HDC현대산업개발의 아시아나항공 인수 구조]

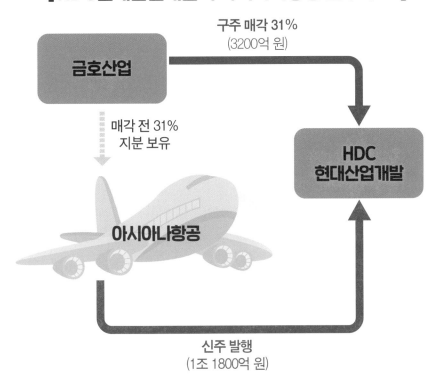

구주 매각 31%
(3200억 원)

금호산업

HDC
현대산업개발

매각 전 31%
지분 보유

아시아나항공

신주 발행
(1조 1800억 원)

[하나투어, 사모펀드 상대로 신주 발행]

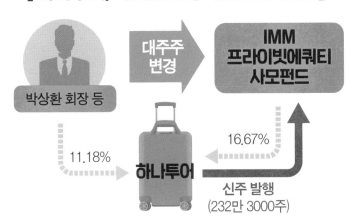

박상환 회장 등

대주주
변경

IMM
프라이빗에쿼티
사모펀드

11.18%

하나투어

16.67%

신주 발행
(232만 3000주)

신주인수권은
주주의 기본권

●●● 회사가 신주를 발행하고 투자자로부터 그 대금을 받아 자본금을 증가시키는 자금 조달 방법을 유상증자라고 합니다. 유상증자 방식은 크게 네 가지로 나눌 수 있습니다. 첫 번째 유상증자 방식은 주주 배정 증자입니다. 주주들은 회사가 발행하는 신주를 인수할 권리를 가집니다. 주주 배정 증자는 기존 주주들을 대상으로 지분율에 따라 신주를 배정하는 방법입니다.

피자와 치킨 사업을 하는 (주)고칼로리라는 회사가 있습니다. (주)고칼로리 주주는 A(지분율 40%), B(30%), C(20%), D(10%) 딱 네 명뿐입니다. 이 회사가 신주 100주를 발행(주당 발행가격 1만 원)하면 A는 40주, B는 30주, C는 20주, D는 10주를 배정받습니다.

만약 이 가운데 주주 C와 D가 신주를 인수하지 않기로 했다고 해봅시다. 주주에게 부여된 신주인수권을 포기하는 것이죠. 이를 실권(失權)이라고 합니다. 발생한 실권주 30주(C : 20주 + D : 10주)는 대개 일반 공모 방식으로 처리합니다. 불특정 다수에게 청약 기회를 주는 것이 일반 공모 방식입니다. 즉 (주)고칼로리는 C와 D가 포기한 30주의 투자자를 다시 모읍니다. 물론 실권주를 아예 발행하지 않을 수도 있습니다.

주주 배정 유상증자를 할 때는 주주들에게 신주인수권증서가 발행됩니다. 신주인수권증서는 사고팔 수 있습니다. 유상증자 신주는 시세보다 좀 할인된 가격으로 발행됩니다. 실권하는 바람에 할인된 유상증자 신주를 인수하지 못하는 주주들(C와 D)은, 대신 신주인수권을 매각해 돈을 벌기도 합니다.

[(주)고칼로리 주주 배정 유상증자]

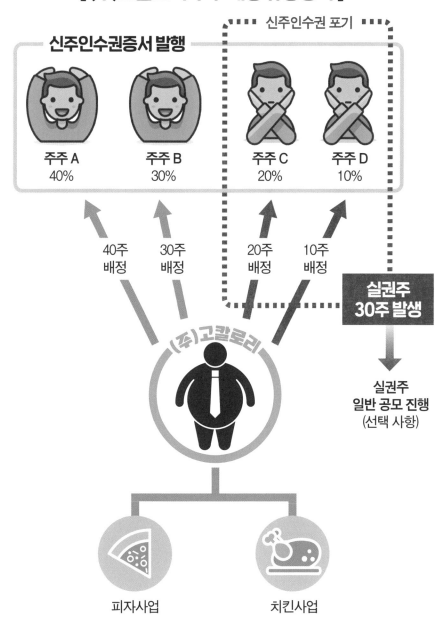

신주인수권 포기

신주인수권증서 발행

주주 A
40%

주주 B
30%

주주 C
20%

주주 D
10%

40주
배정

30주
배정

20주
배정

10주
배정

실권주
30주 발생

실권주
일반 공모 진행
(선택 사항)

(주)고칼로리

피자사업

치킨사업

회사와 전혀 무관한 사람만
제3자 배정 유상증자 대상?

●●● 앞서 회사가 발행하는 신주는 주주들이 인수권을 갖는다고 했습니다. 그런데 회사가 주주들의 배타석인 인수권을 제한하고 주주 아닌 사람에게 신주 청약 기회를 부여할 수도 있습니다. 이렇게 하려면 회사가 '정관'에 주주 아닌 사람에게 이러이러한 경우에 신주를 발행할 수 있다고 미리 정해 놓아야 합니다.

유상증자 중 주주 아닌 사람에게 신주 청약 기회를 주는 방법으로 일반 공모, 제3자 배정, 주주 우선 공모 증자가 있습니다.

일반 공모 증자는 말 그대로 기존 주주를 포함해 누구에게나 신주 청약 기회를 주는 것입니다. 100주를 청약했는데, 경쟁률이 2대 1이라면 50주를 배정받을 수 있겠지요.

제3자 배정 증자는 기존 주주가 아닌 제3자를 신주 인수자로 정해놓고 시행하는 유상증자입니다. 예를 들어 ㈜고칼로리에 관심 있는 달봉이를 대상으로 고칼로리가 50주를 발행하기로 했다면 달봉이가 제3자입니다. 만약 ㈜고칼로리의 최대 주주인 A만을 대상으로 신주를 발행하기로 했다면요? 이 경우도 제3자 배정 증자입니다. 대주주는 회사와 특수관계인입니다. 그런데 제3자 배정 증자라고요? 네 그렇습니다! 전체 주주가 아니라 특정한 소수 주주를 대상으로 신주를 배정하면 제3자 배정이 됩니다.

(주)고칼로리 정관

제10조(신주인수권)

1. 주주는 그가 소유한 주식 수에 비례하여 신주를 배정받을 권리를 갖는다.
2. 회사는 제1항의 규정에도 불구하고 다음 각 호 중 어느 하나에 해당하는 경우 이사회의 결의로 주주 이외의 자에게 신주를 배정할 수 있다.
① 「자본시장과 금융투자업에 관한 법률」 제165조의6에 따라 일반 공모 증자 방식으로 신주를 발행하는 경우
② 주주 우선 공모 방식으로 신주를 배정하는 경우
③ 「상법」 제542조의3의 규정에 의한 주식매수선택권 행사로 인하여 신주를 발행하는 경우
④ 우리사주조합원에게 주식을 우선 배정하는 경우
⑤ 사업상 필요한 기술도입, 연구개발, 생산 · 판매 · 자본 제휴를 위하여 그 상대방에게 신주를 발행하는 경우
⑥ 회사 운영에 필요한 자금 조달을 위하여 국내외 금융기관, 외국인투자자, 기관투자자 및 기타 특정한 자(이 회사의 주주를 포함한다)에게 신주를 발행하는 경우

[제 3자 배정 유상증자]

투자자 달봉이

↑ 신주 배정

대주주 A

↑ 신주 배정

주주 배정과 주주 우선 공모 증자, 무엇이 다를까?

●●● 네 번째 유상증자 방식은 주주 우선 공모입니다. 주주 우선 공모 증자는 일반 공모의 한 종류로, 일반 공모에 앞서 주주들에게 우선 청약할 기회를 부여하는 것입니다.

주주 우선 공모 증자는 주주 배정 증자와 유사하면서 차이가 있습니다. 주주들의 신주인수권을 배제하고 단순히 먼저 청약할 기회만 주는 것으로, 주주들에게 신주인수권증서가 발행되지 않습니다. 주주들이 청약을 포기하는 물량은 의무적으로 일반 공모를 진행해야 합니다.

주주 배정 증자의 경우 대개는 실권주를 모아 일반 공모를 진행하지만, 반드시 그래야 하는 건 아닙니다. 만약 주주 배정 증자를 하면서 실권주가 발생했을 때 일반 공모를 하기로 했다면 이것은 주주 우선 공모 방식과 상당히 유사하다고 할 수 있습니다.

| 유상증자 방식 |

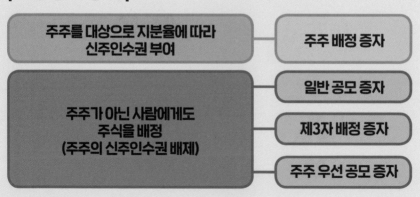

주주를 대상으로 지분율에 따라 신주인수권 부여	주주 배정 증자
주주가 아닌 사람에게도 주식을 배정 (주주의 신주인수권 배제)	일반 공모 증자
	제3자 배정 증자
	주주 우선 공모 증자

[(주)고칼로리 주주 우선 공모 유상증자]

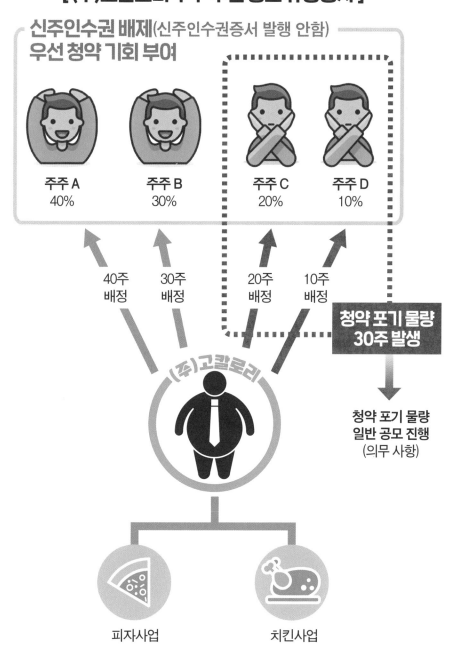

신주인수권 배제(신주인수권증서 발행 안함)
우선 청약 기회 부여

주주 A
40%

주주 B
30%

주주 C
20%

주주 D
10%

40주
배정

30주
배정

20주
배정

10주
배정

(주)고칼로리

**청약 포기 물량
30주 발생**

청약 포기 물량
일반 공모 진행
(의무 사항)

피자사업

치킨사업

경영권 거래, 자금 수혈, 출자전환… 유상증자의 쓰임새

●●● 회사는 왜 유상증자를 할까요? 투자나 운영 자금 마련이 목적인 경우가 가장 많습니다. 간혹 새로운 투자자에게 경영권을 넘기기 위해 유상증자를 하기도 합니다.

| 유상증자 목적 |

- 투자 또는 운영 자금 마련
- 경영권 거래 M&A
- 자본잉여금을 발생시켜 재무 구조 개선
- 금융회사 대출금의 출자전환을 통해 재무 구조 개선

㈜고칼로리의 경영 상황이 어려워져 지분 40%를 보유한 대주주 A가 달봉이에게 회사를 넘기기로 했습니다. 달봉이는 A가 보유한 지분 40%만 매입해도 됩니다. 그러나 이렇게 하면 A는 지분 매각 대금을 챙길 수 있지만, 고칼로리로 유입되는 자금은 없습니다. 이 경우 고칼로리가 달봉이를 대상으로 제3자 배정 유상증자를 병행하면 달봉이의 지분율은 40%를 크게 넘어서게 되고, 회사도 새로운 자금을 수혈받을 수 있습니다.

금호산업이 아시아나항공을 HDC현대산업개발에 매각하기로 한 방식이 바로 구주(금호산업 보유 지분) 매각과 신주 발행을 병행하는 것이었습니다. 기업회생 절차(법정관리)를 밟고 있는 기업의 M&A는 대부분 인수 희망자를 대상으로 한 제3자 배정 유상증자 방식입니다.

[(주)고칼로리 구주를 매각하는 경우]

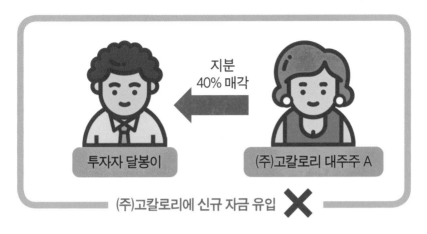

지분
40% 매각

투자자 달봉이

(주)고칼로리 대주주 A

(주)고칼로리에 신규 자금 유입 ✕

[(주)고칼로리 구주 매각과 신주 발행 병행]

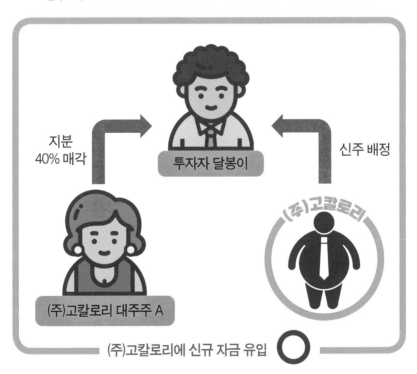

지분
40% 매각

투자자 달봉이

신주 배정

(주)고칼로리

(주)고칼로리 대주주 A

(주)고칼로리에 신규 자금 유입 ◯

금융회사가 빌려준 돈을 주식으로 바꾸는 까닭

●●● 은행 같은 금융회사는 회사에 대한 대출금을 주식으로 전환시킬 수 있습니다. 회사를 정상화하기 위해 채무 부담을 덜어주는 것입니다. 이를 출자전환이라고 합니다. 은행이 대출한 금액만큼 회사가 은행에 신주를 지급한다고 생각하면 됩니다.

㈜고칼로리 재무 구조가 다음과 같다고 해 봅시다. 부채 가운데 은행 차입금이 40만 원입니다. 부채비율은 500%(50만 원/10만 원×100)입니다.

자산 60만 원=자본 10만 원+부채 50만 원

은행은 차라리 대출금을 주식으로 전환한 뒤 회사의 금융 비용 부담을 덜어주고, 앞으로 회사가 좋아졌을 때 주식을 매각해 대출금을 회수하는 방법을 선택할 수 있습니다. 신주 발행가격을 주당 2만 원으로 해 제3자(은행) 배정 증자를 하면 은행은 20주(40만 원÷2만 원)를 받게 됩니다. 그럼 회사 재무 구조는 다음과 같이 바뀝니다.

자산 60만 원=자본 50만 원+부채 10만 원

부채비율은 20%로 뚝 떨어집니다. 출자전환 유상증자를 하면 회사로 자금이 유입되지는 않습니다. 단지 채무가 자본으로 바뀔 뿐이지요. 따라서 출자전환 이후에 신규 자금을 확보하기 위한 주주 배정 또는 제3자 배정 방식의 유상증자가 이어지기도 합니다.

[(주)고칼로리 재무 구조 변화]

자산 60만 원=자본 10만 원+부채 50만 원

	자본 10만 원
자산 60만 원	부채 50만 원 ······은행 차입금 40만 원

➡️ 부채비율 = $\dfrac{부채}{자본} \times 100 = \dfrac{50만 원}{10만 원} \times 100 =$ **500%**

은행
차입금
출자전환

자산 60만 원=자본 50만 원+부채 10만 원

부채
다이어트
성공!

	자본 50만 원
자산 60만 원	부채 10만 원

➡️ 부채비율 = $\dfrac{부채}{자본} \times 100 = \dfrac{10만 원}{50만 원} \times 100 =$ **20%**

'자본'과 '자본금'은 다르다!

●●● 유상증자를 하면 회사의 자본 구조에 어떤 변화가 생길까요?

치킨사업과 피자사업을 하는 ㈜고칼로리는 2019년 초에 설립되었습니다. A, B, C, D 네 사람이 각각 4, 3, 2, 1만 원씩 자본금으로 납입했습니다. 회사는 이 네 사람에게 액면가 5000원짜리 주식을 각각 8, 6, 4, 2주 등 총 20주 발행했습니다.

자본금은 '액면가×발행주식수'입니다. 회사가 처음 설립되었을 때 회사의 자본을 구성하는 요소는 자본금밖에 없습니다. 고칼로리 자본금은 10만 원 (5000원×20주)입니다.

고칼로리가 1년 동안 열심히 영업해 2019년 말 결산을 해보니 5만 원의 당기순이익이 산출되었습니다. 〈손익계산서〉의 당기순이익은 〈재무상태표〉의 자본으로 이동해 자본 내 이익잉여금으로 누적됩니다.

이제 이 회사의 자본은 다음과 같습니다.

> 자본총계=자본금 10만 원+이익잉여금 5만 원=15만 원

[(주)고칼로리 당기순이익 발생 후 자본 구조 변화]

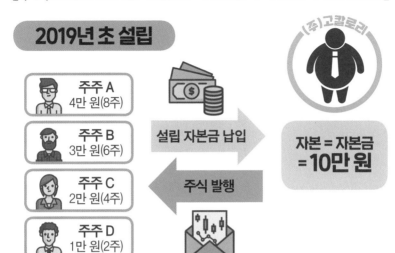

2019년 초 설립

(주)고칼로리

- 주주 A 4만 원(8주)
- 주주 B 3만 원(6주)
- 주주 C 2만 원(4주)
- 주주 D 1만 원(2주)

설립 자본금 납입

주식 발행

자본 = 자본금
= 10만 원

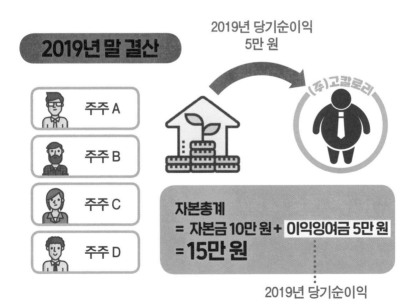

2019년 말 결산

2019년 당기순이익
5만 원

(주)고칼로리

- 주주 A
- 주주 B
- 주주 C
- 주주 D

자본총계
= 자본금 10만 원 + 이익잉여금 5만 원
= 15만 원

2019년 당기순이익

주식발행초과금은 왜 생길까?
유상증자 후 자본 변화

●●● 2020년 ㈜고칼로리는 달봉이를 대상으로 2주(주당 발행가격 8000원)의 제3자 배정 유상증자를 합니다. 늘어나는 자본은 1만 6000원(8000원×2주)입니다. 1만 6000원은 자본 내에서 두 가지 계정에 나눠 반영됩니다. 자본금은 '액면가×발행주식수'라 했으니, 신주 발행으로 자본금이 1만 원(5000원×2주) 증가했습니다. 신주 발행 시 액면가를 초과하는 금액을 주식발행초과금이라고 합니다. 총 6000원(3000원×2주)의 주식발행초과금이 생겼습니다.

주식발행초과금은 자본잉여금의 한 종류입니다. 회사가 벌어들인 당기순이익은 자본 내에서 이익잉여금이 되고, 유상증자처럼 주식 거래로 생긴 액면가초과금은 자본잉여금이 됩니다. 이제 ㈜고칼로리의 자본 구조는 다음과 같아집니다.

> 자본총계 = 자본금 11만 원+이익잉여금 5만 원
> +자본잉여금 6000원=16만 6000원

㈜우아한형제들(배달의 민족), ㈜비바리퍼블리카(토스), ㈜컬리(마켓컬리) 등 미래 성장잠재력이 높은 스타트업 기업의 유상증자를 들여다보면 자본금은 조금 늘어난 반면 주식발행초과금이 엄청나게 증가한 경우가 있습니다. 아주 높은 가격으로 유상증자를 했기 때문입니다. 예를 들어 액면가가 500원인데 주당 100만 원에 1000주를 발행하면, 자본은 10억 원(100만 원×1000주) 증가합니다. 이걸 뜯어놓고 보면 자본금 증가는 50만 원(500원×1000주) 밖에 안됩니다. 나머지 9억 9950만 원(99만 9500원×1000주)은 자본잉여금(주식발행초과금)입니다.

[(주)고칼로리 제3자 배정 유상증자 후 자본 변화]

2020년

 주주 A
 주주 B
 주주 C
 주주 D

 투자자 달봉이

유상증자 후 자본 1만 6000원 증가

- 자본금 증가 : 1만 원(5000원 × 2주)
- 주식발행초과금 증가 : 6000원
  (액면가초과금 3000원 × 2주)
- *주식발행초과금은 자본잉여금의 한 종류

유상 신주
2주 배정
(주당 8000원)

제3자 배정
유상증자
1만 6000원
납입

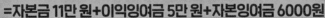

자본총계
=자본금 11만 원+이익잉여금 5만 원+자본잉여금 6000원
=16만 6000원

합작사에 신약기술을 출자할 수 있을까?

●●● 유상증자 신주 대금은 현금만 가능한 것일까요? 아닙니다! 현물도 가능합니다. 현물이라고 하면 부동산(건물, 토지)이나 유가증권(주식, 채권), 회사의 영업(사업부문), 무형자산(가치를 평가할 수 있는 기술, 특허, 상표권 등) 같은 것을 말합니다.

현물출자 유상증자를 하는 가상의 예를 들어보겠습니다. (주)국민간식이 공장용 부지를 (주)고칼로리에 출자합니다. 토지평가액은 40만 원입니다. 고칼로리는 출자 대가로 국민간식을 대상으로 발행가격 8000원에 50주의 신주를 발행합니다. 국민간식이 햄버거 영업(햄버거 사업부)을 고칼로리에 출자할 수도 있습니다. 햄버거 사업부의 가치평가액이 500만 원이고 신주 발행가격이 1만 원이라면 500주가 발행됩니다. 국민간식이 보유하고 있는 (주)족발 지분 10%를 고칼로리에 출자하는 것도 가능합니다. 족발의 지분평가액이 100만 원이고 신주 발행가격이 2만 원이라면 50주가 발행됩니다.

국내 한 바이오 기업이 최근 해외 기업과 신약개발 합작법인을 만들었습니다. 해외 기업은 합작법인에 신약 후보 물질 기술을 출자했습니다. 국내 바이오 기업은 현금을 출자했습니다. 예를 들어 신약기술가치가 100만 원으로 평가되었고, 국내 바이오 기업이 현금 100만 원을 출자했다고 해봅시다. 합작법인 주식의 액면가가 5000원이라면, 두 회사는 합작 법인 주식을 각각 200주씩 갖게 됩니다.

[현물출자 유상증자]

공장부지 출자

- 토지평가액 : 40만 원
- 신주 발행가격 8000원, 50주 발행

햄버거 사업부 양도

- 햄버거 사업부 가치평가 : 500만 원
- 신주 발행가격 1만 원, 500주 발행

(주)족발 지분 10% 양도

- (주)족발 지분 10% 가치평가 : 100만 원
- 신주 발행가격 2만 원, 50주 발행

국내 바이오 기업

해외 기업

현금 100만 원 출자

신약 후보 물질 기술 출자 (기술평가액 100만 원)

합작법인
자본금 200만 원

주식 200주 발행

주식 200주 발행

뚝 떠내서 옮기는
영업양수도와 자산양수도

●●● 현물출자 이야기가 나온 김에 '영업양수도'와 '자산양수도'에 대해 알아봅시다. 회사의 영업이나 자산은 모두 현물로 출자할 수 있습니다.

2020년 2월에 SK케미칼이 바이오에너지사업을 (주)케이그린시스템에 양도하기로 했습니다. 케이그린시스템은 국내 한 사모펀드가 설립한 회사입니다. 거래대금은 3825억 원입니다.

SK케미칼은 바이오에너지사업 부문의 자산과 부채를 포함해 거래처와 맺은 일체의 권리와 의무, 그리고 인력까지 포함해 (주)케이그린시스템에 포괄양도합니다. 흔히 "영업을 떠내서 이전한다"고 표현합니다. 이런 거래를 영업양수도라고 합니다.

케이그린시스템이 바이오에너지사업 부문 인수 대가로 현금을 지급하기로 했으니 이 경우는 단순 영업양수도입니다. 만약 인수 대가로 SK케미칼에 신주를 지급한다면 케이그린시스템은 현물출자 방식의 유상증자를 하는 셈입니다.

(주)신신제약은 2020년 2월 경기도 안산 공장 건물과 토지를 부동산개발회사에 매각하기로 했습니다. 채무를 상환해 재무 구조를 개선하기 위한 결정이라고 합니다. 이렇게 회사 자산을 매각하는 경우는 자산양수도에 해당합니다.

[영업양수도]

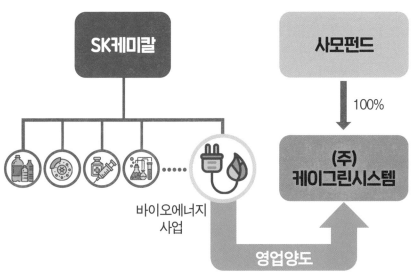

SK케미칼

사모펀드

100%

(주)
케이그린시스템

바이오에너지
사업

영업양도

(자산, 부채, 일체의 권리와
의무, 인력 등)

[자산양수도]

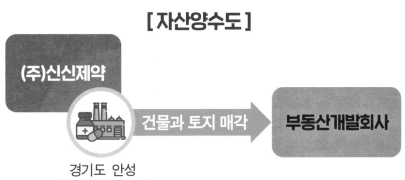

(주)신신제약

건물과 토지 매각

부동산개발회사

경기도 안성
공장 건물과 토지

제3자 배정 현물출자 유상증자로 대우조선해양을 품다

●●● 유상증자의 몇 가지 실제 사례들을 한번 보겠습니다.

2019년 1월 현대중공업그룹은 산업은행으로부터 대우조선해양을 인수하기로 합의했습니다. 산업은행이 보유한 대우조선해양 지분 56%(2조 800억 원)를 현대중공업그룹의 중간지주회사인 (주)한국조선해양이 현물출자를 받고, 산업은행에 한국조선해양의 신주를 발행해 주기로 한 것입니다.

발행한 신주는 보통주 외에 상환전환우선주(RCPS)도 포함되어 있습니다(상환전환우선주에 대해서는 260쪽에서 자세히 설명합니다). 말하자면 제3자 배정 현물출자 유상증자를 하는 것입니다.

이 유상증자는 글로벌 대형 조선사가 다른 대형 조선사를 인수하는 것이기 때문에 세계 주요 국가 정부로부터 기업결합(인수)에 대한 동의를 받아야 진행될 수 있습니다. 2020년 6월 현재 절차가 진행 중입니다.

한국조선해양 현물출자 유상증자로 대우조선해양 인수

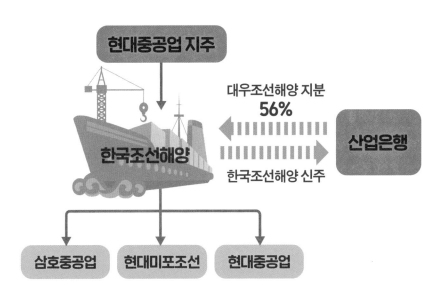

현대중공업 지주

대우조선해양 지분 **56%**

한국조선해양

한국조선해양 신주

산업은행

삼호중공업   현대미포조선   현대중공업

[유상증자 완료 후]

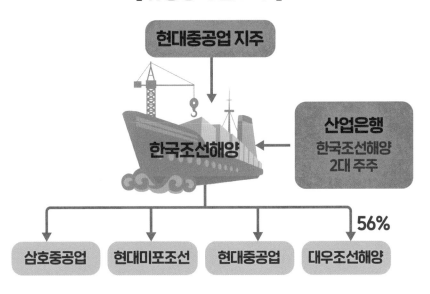

현대중공업 지주

한국조선해양

산업은행
한국조선해양
2대 주주

삼호중공업   현대미포조선   현대중공업   대우조선해양

56%

현대중공업지주가 자회사 유상증자에 두 팔 걷어붙인 까닭

●●● (주)현대중공업지주의 자회사인 (주)현대일렉트릭앤에너지시스템(이하 현대일렉트릭)은 2019년 12월 운영자금 마련과 재무 구조 개선 목적으로 1073억 원의 주주 배정 유상증자를 했습니다. 변압기 같은 전력기기를 생산하는 현대일렉트릭은 중동 등 주력 시장 침체로 2018년 1005억 원의 영업손실을 냈습니다. 2019년에도 1566억 원의 영업손실을 내는 등 적자 규모가 확대되는 추세입니다.

현대일렉트릭 주주들은 배정된 신주 물량의 20%까지 초과 청약할 수 있는 기회를 부여받았습니다. 예를 들어 모회사인 현대중공업지주에게 100주가 배정되었다면, 20주(100주의 20%)를 초과 청약해 총 120주를 받을 권리가 있습니다. 초과 청약분 20주는 다른 주주에게서 실권주가 발생하면 배정됩니다.

앞에서 설명했듯 주주 배정 방식 유상증자에서는 주주들에게 신주인수권증서가 발급됩니다. 신주를 인수할 의사가 없는 주주들은 증권사를 통해 이를 원하는 매수자에게 팔 수 있습니다. 현대일렉트릭은 신주인수권증서를 아예 증권시장에 상장시켰습니다. 상장된 신주인수권은 보통 5일 정도 공개시장에서 거래됩니다.

현대중공업지주는 20% 초과 청약을 하고 증권시장에 상장된 신주인수권증서도 대량 매입해 총 유상증자 신주 1569만 주 가운데 573만 5000주(397억원)를 확보했습니다.

[(주)현대일렉트릭 주주 배정 유상증자]

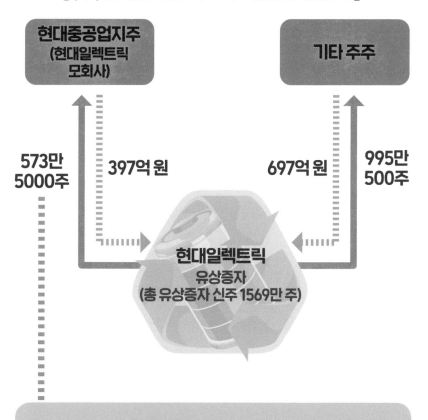

현대중공업지주
(현대일렉트릭
모회사)

기타 주주

573만
5000주

397억 원

697억 원

995만
500주

현대일렉트릭
유상증자
(총 유상증자 신주 1569만 주)

- 현대중공업지주가 인수한 총 유상증자 신주 : 573만 5000주
  (배정 물량+초과 청약 물량+신주인수권증서 매입 행사 물량)
- 발행가격 : 6840원
- 신주인수권증서 매입에 들어간 금액 : 5억 4600만 원

카카오는 로엔을 인수하면서
왜 로엔 대주주에게
유상증자를 할까?

●●● 2016년 1월 카카오는 음원사이트 '멜론' 운영사인 로엔엔터테인먼트 (현 카카오엠)를 인수했습니다. 로엔 지분은 사모펀드 스타인베스트홀딩스(펀드운용사 어피너티에쿼티파트너스)가 61%, SK플래닛이 15% 보유하고 있었지요. 어피너티와 SK플래닛은 주주 간 계약을 체결하고 있었습니다. 어피너티가 다른 사람에게 로엔 지분 61%를 매각할 경우, SK플래닛은 지분 15%를 어피너티 매각 물량에 끼워 넣을 수 있는 권리 즉 태그얼롱(Tag-along : 동반매도참여권)을 보유하고 있었습니다. 그래서 카카오가 사야할 로엔 지분은 76%(어피너티 분 61%+SK플래닛 분 15%)가 되었습니다.

당시 카카오는 두 개의 공시를 냈습니다. 하나는 타법인(로엔엔터테인먼트) 지분을 양수하기로 했다는 내용입니다. 또 하나는 카카오가 제3자 배정 유상증자 결정을 했다는 것입니다. 그런데 그 제3자가 로엔 주식을 매각하는 스타인베스트홀딩스와 SK플래닛이었습니다. 어떻게 된 것일까요?

* 태그얼롱(Tag-along : 동반매도참여권) : 기업의 최대 주주가 보유한 지분을 매각할 때 다른 소수 주주가 최대 주주와 동일한 가격으로 매각에 참여할 수 있는 권리.

[로엔엔터테인먼트 매각 구조]

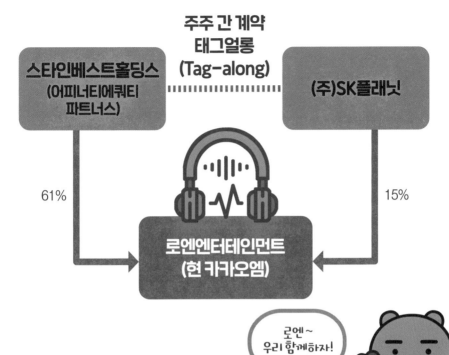

주주 간 계약
태그얼롱
(Tag-along)

스타인베스트홀딩스
(어피너티에쿼티
파트너스)

(주)SK플래닛

61%

15%

로엔엔터테인먼트
(현 카카오엠)

로엔~
우리 함께하자!

[카카오가 낸 두 개의 공시]

공시 대상 회사	보고서명	제출인	제출일
카카오	주요 사항 보고서 (타법인 주식 및 출자 증권 양수 결정)	카카오	2016년 1월 11일
카카오	주요 사항 보고서 (유상증자 결정)	카카오	2016년 1월 11일

매각자(스타인베스트홀딩스, SK플래닛)가 매수자(카카오)의 유상증자에 참여해 신주 대금을 납입하고, 매수자가 그 돈으로 로엔 주식을 산다는 것일까요? 그렇지는 않습니다. 거래 지분은 76%였고 금액으로는 1조 8700억 원이었습니다. 이 가운데 46% 지분에 대해서는 카카오가 현금 1조 1200억 원을 지급하고, 나머지 30% 지분 대금은 카카오 신주를 발행해 지급하는 구조였습니다. 말하자면 카카오가 로엔 지분 30%를 현물출자 받고 그 대가로 카카오 주식을 발행해 주는, 즉 카카오가 제3자 배정 현물출자 유상증자를 하는 방법이었던 거지요.

일부 매체들이 당시 상황에 대해 "카카오가 로엔 인수 자금을 확보하기 위해 스타인베스트홀딩스 등을 대상으로 한 유상증자를 통해 7500억 원을 확보할 계획"이라고 보도했습니다.

로엔 인수 자금을 마련하기 위한 유상증자가 아니라 인수 대금 일부를 주식으로 지급하기 위한 유상증자라는 점을 감안하면, 이런 보도 내용은 사실과 좀 동떨어졌다고 할 수 있습니다.

[카카오 제3자 배정 현물출자 유상증자]

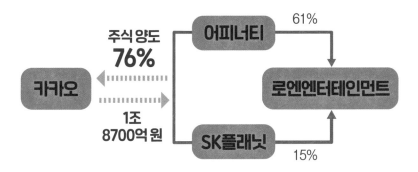

[카카오 주식 대금 지급 구조]

46% 지분 현금 1조 1200억 원 지급

30% 지분 카카오 주식 7500억 원 어치를 발행해 지급

카카오는 현물주식 (로엔 지분 30%)을 받고 신주 발행 → 제 3자 배정 현물출자 유상증자

20% 무상증자를 하면
달봉이는 신주를 몇 주 받을까?

●●● 이번에는 무상증자에 대해 알아봅시다. 무상증자는 주주를 대상으로 주식 대금을 받지 않고 신주를 발행하는 것입니다. 그런데 왜 회사는 주주들에게 주식을 공짜로 나눠줄까요? 무상증자를 한다고 공시하는 기업들은 그 이유에 대해 '주주 가치 제고' 또는 '주주 이익 환원'이라고 말합니다.

무상증자는 대개 주가에 호재로 작용합니다. 늘 그런 것은 아니지만, 무상증자 공시가 뜨면 주가가 오르는 경우가 많습니다. 오르다가 제자리로 돌아가기도 합니다.

㈜고칼로리의 총발행주식수는 10주입니다. 10주를 주주 A가 4주, B가 3주, C가 2주, D가 1주씩 나누어 보유하고 있습니다.

회사가 구주 1주당 1주 비율로 즉 100% 무상증자를 한다고 해 봅시다. A, B, C, D는 각각 새로 무상 신주를 4주, 3주, 2주, 1주씩 받습니다.

㈜국민간식이 구주 1주당 0.2주의 비율로 즉 20% 무상증자를 한다면, 200주를 가진 달봉이는 무상 신주를 몇 주나 받을까요? 그렇습니다. 40주를 받게 됩니다.

[(주)고칼로리 100% 무상증자]

무상증자

주주를 대상으로 주식 대금을 받지않고 신주를 발행

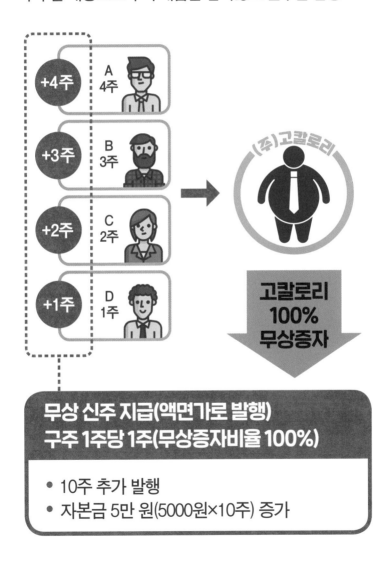

무상 신주 지급(액면가로 발행)
구주 1주당 1주(무상증자비율 100%)

- 10주 추가 발행
- 자본금 5만 원(5000원×10주) 증가

무상증자 후 자본 구조는 어떻게 바뀔까?

●●● 무상증자는 일반적으로 기업의 재무 구조가 튼튼해야 실시할 수 있습니다. 왜 그런지 한번 보겠습니다.

무상증자 신주는 액면가로 발행됩니다. 앞서 (주)고칼로리가 무상으로 10주를 새로 발행했더니 자본금이 5만 원(5000원×10주) 증가했습니다. 그런데 실제로 회사에 들어오는 현금은 없습니다.

자본금이 증가하는 것으로 회계 처리가 되어야 하는데 주식을 무상으로 발행하다 보니 실제 들어오는 돈은 없고, 뭐가 잘 맞지 않습니다. 그래서 무상증자는 발행 재원(財源)이 있어야 합니다. 무슨 말이냐고요?

고칼로리가 5만 원의 무상증자를 하려면, 자본잉여금에서 5만 원을 빼내 자본금으로 보냅니다. 이렇게 자본 안의 자본잉여금 지갑에서 자본금 지갑으로 전입시킨 5만 원이 무상 신주 10주를 발행할 수 있는 재원이 된다는 것입니다. 자본잉여금은 5만 원 줄고 그만큼 자본금이 증가하니까 자본총계는 변함이 없습니다.

오른쪽 그림 〈(주)고칼로리 무상증자 전후 자본 구성〉에서 무상증자 뒤 변화(1)은 틀렸다는 걸 아시겠지요? 무상증자 뒤 변화(2)가 맞는 수치입니다.

무상증자 공시를 내는 기업들은 대부분 무상증자 재원에 대해 '주식발행초과금'이라고 밝히고 있습니다. 주식발행초과금이 자본잉여금의 한 종류라는 것은 앞서 설명했습니다.

[(주)고칼로리 무상증자 재원]

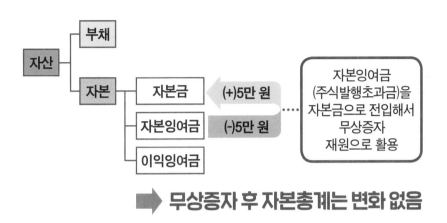

```
           ┌─ 부채
   자산 ───┤
           │         ┌─ 자본금 ──── (+)5만 원 ┄┄┐
           └─ 자본 ──┤                           │   자본잉여금
                     ├─ 자본잉여금 ─ (-)5만 원    │   (주식발행초과금)을
                     │                           │   자본금으로 전입해서
                     └─ 이익잉여금                │   무상증자
                                                 │   재원으로 활용
```

➡ **무상증자 후 자본총계는 변화 없음**

[(주)고칼로리 무상증자 전후 자본 구성] (단위 : 만 원)

▶ **무상증자 후(1)**

자본금	5 + 5
자본잉여금	10
이익잉여금	50
자본총계	**70**

✕

▶ **무상증자 전**

자본금	5
자본잉여금	10
이익잉여금	50
자본총계	**65**

▶ **무상증자 후(2)**

자본금	5 + 5
자본잉여금	10 - 5
이익잉여금	50
자본총계	**65**

○

무상 주식을 받으려면
언제까지 주주명부에
이름을 올려야 할까?

●●● 5G 통신장비업체인 (주)케이엠더블유의 2019년 4월 무상증자 공시를 살펴보겠습니다. 구주 1주당 무상증자 신주를 1주 배당하는 100% 무상증자입니다. 무상으로 신주를 1881만 주 발행합니다. 신주 발행 재원은 주식발행 초과금 94억 원입니다.

이렇게 잉여금이 충분히 있어야 무상증자로 신주를 발행할 수 있기 때문에 재무 구조가 나쁜 기업들은 무상증자를 하기 어렵습니다.

공시를 보면, 신주 배정 기준일이 2019년 5월 13일 월요일입니다. 주식은 매수매도가 체결되면 그날을 포함해 3거래일에 결제가 됩니다. 그렇다면 케이엠더블유 주식을 5월 9일 목요일까지는 매수해야, 3거래일째인 5월 13일에 케이엠더블유의 주주명부에 이름을 올릴 수 있습니다. 그래야만 무상으로 신주를 받을 권리를 확보할 수 있다는 이야기입니다.

[(주)케이엠더블유 무상증자 결정 공시]

신주의 종류와 수	보통주식(주)	18,810,000
1주당 액면가액(원)		500
증자 전 발행주식총수	보통주식(주)	18,810,000
주주 배정 기준일		2019년 5월 13일
1주당 신주 배정 주식수	보통주식(주)	1

| 기타 투자 판단에 참고할 사항 |

- 신주 배정 : 2019년 5월 13일 현재 주주명부에 등재된 주주에 대해 소유 주식 1주당 1주의 비율로 신주를 배정합니다.
- 신주의 재원 : 주식발행초과금 9,405,000,000원

투자자를 함박웃음 짓게 한 케이엠더블유 무상증자

●●● 무상증자 신주를 배정받을 수 있는 마지막일(5월 9일)의 다음날(5월 10일)을 권리락일(權利落日)이라고 합니다. 이날은 주식을 사봐야 무상으로 신주를 받을 수 없습니다. 권리가 떨어져 나간 것이지요. 그래서 권리락일에는 한국거래소가 인위적으로 하향 조정한 기준주가로 거래를 시작합니다.

케이엠더블유 사례로 확인해보실까요. 5월 9일 종가는 4만 7000원이었습니다. 무상증자비율은 100%입니다. 발행 주식이 두 배가 된다는 거지요. 한국거래소는 무상증자비율을 적용해 권리락일(5월 10일) 아침 기준주가를 5월 9일 종가의 딱 절반인 2만 3500원으로 정합니다. 이 가격으로 거래를 시작하는 거지요.

5월 10일 종가는 2만 4700원으로, 기준주가보다는 올랐네요. 케이엠더블유 주가는 이후 상승 흐름을 타 9월에는 7만 원대까지 올랐습니다.

달봉이가 5월 9일 케이엠더블유 주식 1주를 4만 7000원에 매입했다고 해 봅시다. 달봉이는 무상 신주 1주를 추가로 받아 총 2주를 갖게 될 것입니다. 기준주가 2만 3500원을 적용한 2주의 가치는 4만 7000원입니다. 5월 10일 종가 2만 4700원이므로 2주의 가치는 4만 9400원으로 증가합니다. 하루 만에 약 5% 수익이 난 셈이지요. 케이엠더블유의 9월달 주가 7만 원을 적용하면 2주의 가치는 14만 원이 됩니다. 수익률은 198%로 점프합니다.

[(주)케이엠더블유 주가 추이]

단위 : 원

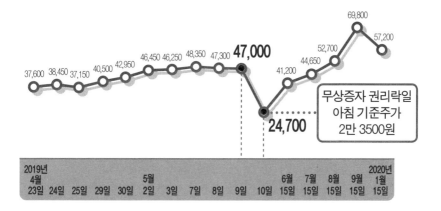

2019년 4월					5월						6월	7월	8월	9월	2020년 1월
23일	24일	25일	29일	30일	2일	3일	7일	8일	9일	10일	15일	15일	15일	15일	15일

37,600 38,450 37,150 40,500 42,950 46,450 46,250 48,350 47,300 **47,000** 24,700 41,200 44,650 52,700 69,800 57,200

무상증자 권리락일
아침 기준주가
2만 3500원

달봉이가 케이엠더블유 무상증자를 받았다면, 투자수익률은?

➡ **2019년 5월 9일**
- 1주 4만 7000원에 매입
- 1주+1주=2주 보유 권리 확보
- 권리락일 기준주가(2만 3500원) 적용한 이론가격
  2만 3500원×2주=**4만 7000원**

➡ **2019년 5월 10일 종가**
- 2만 4700원×2주=**4만 9400원** (5% 수익)

➡ **2019년 9월 주가**
- 7만 원×2주=**14만 원** (198% 수익)

유상증자와 무상증자를 함께 진행하는 이유

●●● 앞서 무상증자는 주주 이익 환원의 한 수단으로 인식된다고 이야기했습니다. 그리고 주가 관리에 대한 회사 의지를 보여주는 것으로 여겨지기도 합니다. 그래서 무상증자는 일반적으로 주가에 호재로 작용합니다.

회사가 무상증자와 유상증자를 병행해 실시하는 경우가 있습니다. 보통 유상증자를 먼저 실시한 뒤 무상증자를 진행합니다. 기존 주주가 유상증자에 참여하지 않으면, 받을 수 있는 무상 신주가 줄어듭니다.

달봉이는 (주)고칼로리 주식 100주를 가진 주주입니다. 고칼로리가 주주 배정 방식으로 20% 유상증자를 한 뒤, 50% 무상증자를 실시한다고 해 보겠습니다. 달봉이가 유상증자에 참여하면, 달봉이가 가진 주식수는 20주(100주× 20%) 늘어나 총 120주가 됩니다. 다시 50% 무상증자를 거치면 60주(120주× 50%) 증가해 180주가 될 것입니다.

반면 달봉이가 유상증자에 참여하지 않으면 달봉이 주식은 무상 신주 50주 (100주×50%)만 증가해 150주가 됩니다. 회사 주가가 오름세를 보일 것으로 판단한다면 유상증자에 참여하는 것이 유리하겠지요.

만약 (주)고칼로리의 기존 주주가 아니라면 무상증자 신주를 받기 위해 실권 주주들이 내놓는 신주인수권증서를 매입하거나, 실권주 일반 공모에 참여해야 합니다. 이렇게 본다면 무상증자는 먼저 실시하는 유상증자 참여율을 높이기 위한 '미끼 상품'이 될 수도 있습니다.

[(주)고칼로리 주주 달봉이가 유상증자에 참여할 경우]

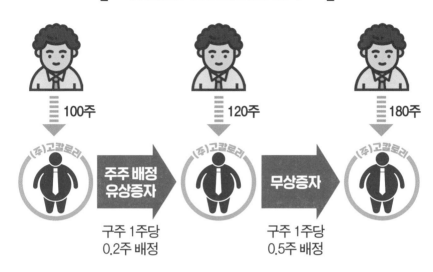

100주 → (주)고칼로리

주주 배정 유상증자
구주 1주당 0.2주 배정

120주 → (주)고칼로리

무상증자
구주 1주당 0.5주 배정

180주 → (주)고칼로리

[(주)고칼로리 주주 달봉이가 유상증자에 참여하지 않을 경우]

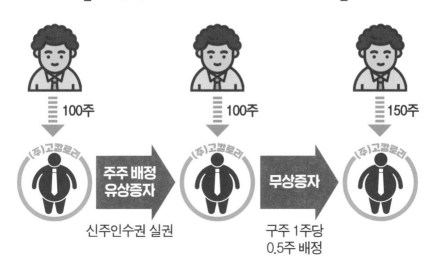

100주 → (주)고칼로리

주주 배정 유상증자
신주인수권 실권

100주 → (주)고칼로리

무상증자
구주 1주당 0.5주 배정

150주 → (주)고칼로리

한 달 새 유상증자와 무상증자의 배턴 터치, (주)오이솔루션

●●● 광통신부품업체 (주)오이솔루션은 2019년에 유상증자와 무상증자를 병행 실시했습니다. 이 회사는 10월 8일 유상 및 무상증자 공시를 한꺼번에 냈습니다. 유상증자의 신주 배정 기준일은 11월 12일이고, 무상증자 신주 배정 기준일은 12월 27일이었습니다.

주주 배정 후 실권주 일반 공모 방식으로 유상증자를 먼저 진행해 주주를 확정한 뒤, 1주당 0.25주씩 즉 25% 비율로 무상증자를 단행한다는 계획이었습니다.

오이솔루션의 주식을 이미 가지고 있는 주주들은 유상증자에 참여하지 않아도 무상증자 신주 배정 기준일까지 구 지분을 보유하면 무상 신주를 받을 수 있는 겁니다. 유상증자에 참여하면 주식수가 늘기 때문에 무상 신주를 더 받을 수 있겠지요.

오이솔루션은 신주인수권증서를 증권시장에 상장했습니다. 따라서 기존 주주가 아닌 사람은 증권시장에서 매물로 나온 신주인수권을 매입하면 유상증자에 참여해 주주가 될 수 있습니다. 이렇게 확보한 신주인수권을 행사해 일단 주주가 된 뒤 무상증자 신주 배정 기준일까지 지분을 보유하면 무상증자 신주를 받을 수 있습니다.

[(주)오이솔루션 유무상증자 결정 공시]

2019년 10월 8일

1. 유상증자 결정

신주의 종류와 수		보통주식(주)	760,000		
자금 조달의 목적		시설자금(원)	18,000,000,000		
		운영자금(원)	12,200,000,000		
증자 방식			주주 배정 후 실권주 일반 공모		
신주 발행가	예정 발행가	보통주식(원)	39,750	확정 예정일	2019년 12월 12일
신주 배정 기준일			2019년 11월 12일		
1주당 신주 배정 주식수(주)			0.09		
우리사주조합원 우선 배정비율(%)			5.0		
청약 예정일	우리사주조합	시작일	2019년 12월 16일		
		종료일	2019년 12월 16일		
	구주주	시작일	2019년 12월 16일		
		종료일	2019년 12월 17일		
신주인수권 양도 여부			예		
신주인수권증서의 상장 여부			예		

2. 무상증자 결정

신주의 종류와 수	보통주식(주)	2,124,563
신주 배정 기준일		2019년 12월 27일
1주당 신주 배정 주식수	보통주식(주)	0.25

| 기타 투자 참고 사항 |

- 이번 유상증자로 인해 발행되는 신주의 경우에도 자동적으로 무상증자에 참여해 신주를 받을 수 있는 권리가 발생.
- 2019년 12월 27일을 무상증자 신주 배정 기준일로 함. 유상증자 후 주주명부에 기재된 주주에 대해 소유 주식 1주당 0.25주의 비율로 신주를 무상으로 배정하는 증자를 시행할 예정.

CHAPTER 02

'자본금 다이어트'
감자의
모든 것

주식 소각 감자와 액면가 조정 감자

●●● '증자'가 자본금의 증가라면, '감자'는 자본금의 감소겠지요? 자본금을 줄이려면 기존에 발행됐던 주식을 소각하면 됩니다. 자본금은 '주식의 액면가×발행주식수'라고 했습니다. 발행주식수를 줄이려면 주주들이 가지고 있는 주식을 회수해 소각하면 됩니다.

자본금을 감소시키는 방법에는 또 어떤 것이 있을까요? 주식의 액면가를 낮추는 방법이 있습니다. ㈜고칼로리의 액면가는 5000원, 발행주식수가 100주라면 자본금은 50만 원입니다. 회사가 주식 액면가를 500원으로, 즉 10분의 1로 하향 조정하면 자본금은 '500원×100주=5만 원'이 됩니다. 발행주식수는 그대로 유지하면서 감자가 발생하는 거지요.

그렇다면 회사는 왜 감자를 하는 것일까요? 감자도 증자와 마찬가지로 유상감자와 무상감자 두 종류가 있습니다. 무상감자는 주주에게 아무런 보상을 해주지 않고 주식을 회수해 소각하는 것입니다. 유상감자는 일반적으로 시세보다 약간 더 높은 가격으로 보상을 해주고 주식을 회수해 소각하는 방법입니다.

[주식을 병합하는 방법으로 20% 감자]
(구주 1주당 0.2주 비율로 회수해 소각)

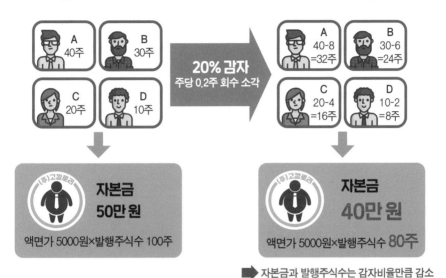

A 40주 B 30주 C 20주 D 10주

20% 감자
주당 0.2주 회수 소각

A 40-8 =32주 B 30-6 =24주 C 20-4 =16주 D 10-2 =8주

(주)고꽐로러
자본금
50만 원
액면가 5000원×발행주식수 100주

(주)고꽐로러
자본금
40만 원
액면가 5000원×발행주식수 80주

➡ 자본금과 발행주식수는 감자비율만큼 감소

[액면가를 10분의 1로 조정해서 감자]
(감자비율 90%)

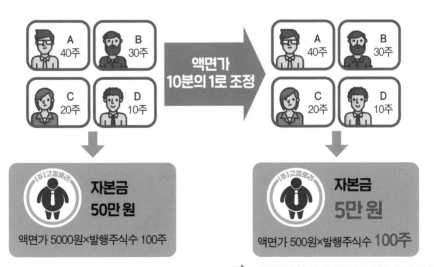

A 40주 B 30주 C 20주 D 10주

액면가
10분의 1로 조정

A 40주 B 30주 C 20주 D 10주

(주)고꽐로러
자본금
50만 원
액면가 5000원×발행주식수 100주

(주)고꽐로러
자본금
5만 원
액면가 500원×발행주식수 100주

➡ 자본금은 감소하지만 발행주식수는 변함 없음

감자에 필요한
주주총회 두 가지 요건

●●● 우선 우리가 자주 볼 수 있는 무상감자부터 살펴보겠습니다.

㈜고칼로리의 총발행주식수는 100주이고, 주주 A가 40주, B가 30주, C가 20주, D가 10주를 보유했다고 합시다. 회사 이사회가 20% 감자를 결의했습니다. 주주들이 가진 구주 1주당 0.2주 비율로 주식을 회수해 소각하겠다는 거지요.

감자는 회사가 하고 싶다고 해서 마음대로 할 수 있는 건 아닙니다. 주주총회에서 주주들이 특별결의로 찬성해야 감자를 할 수 있습니다.

주주총회 특별결의는 주주총회 참석주식수의 3분의 2 이상이 감자에 찬성해야 합니다. 그리고 감자에 찬성하는 주식수가 총발행주식수의 3분의 1 이상이어야 합니다.

예를 들어 주주총회에 주주 A(40주), C(20주), D(10주)가 참석해 A와 D 총 50주가 감자에 찬성했다고 합시다. 주주총회 참석주식수 70주(40주+20주+10주)의 3분의 2는 47주니까, 첫 번째 요건은 충족되었습니다. 그리고 찬성주식 50주는 총발행주식수(100주)의 3분의 1 이상이니까, 두 번째 요건 역시 충족되었습니다.

[(주)고칼로리의 감자 주주총회 특별결의]

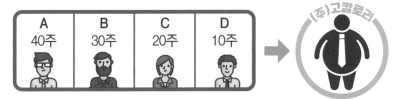

A 40주	B 30주	C 20주	D 10주

감자 주주총회

참석	불참	참석	참석
A 40주	B 30주	C 20주	D 10주
찬성	–	반대	찬성

주주총회 특별결의 충족

요건1. 주주총회 참석주식 3분의 2 이상 찬성 여부
- 참석주식 70주, 찬성주식 50주
  ➡ 3분의 2(47주) 이상 찬성

요건2. 감자 찬성주식이 총주식의 3분의 1 이상 여부
- 총발행주식 100주, 찬성주식 50주
  ➡ 3분의 1(34주) 이상 성립

무상감자로 어떻게
결손금을 해소할까?

●●● 기업이 무상감자를 하는 이유는 대부분 재무 구조 개선, 즉 결손금을 해소하는 것이 목적입니다. 무상감자를 하면 어떻게 결손금이 해소될까요? ㈜고칼로리의 자본 구조가 다음과 같다고 해 보겠습니다.

자본 20만 원=자본금 50만 원+(결손금 30만 원)

오랫동안 적자를 내다보니 결손금 30만 원이 누적되어 있습니다. 결손금은 자본총계에 마이너스 역할을 합니다. 결손금이 자본금 50만 원 중 일부를 갉 아먹어 자본총계는 20만 원에 불과한 상황입니다.

자, 이렇게 자본총계가 자본금보다 작은 상태가 바로 자본잠식입니다. 고칼로 리는 아직은 부분자본잠식 상태입니다. 결손금이 더 커져 50만 원을 넘어서면 자본총계가 마이너스가 됩니다. 그럼 자본완전잠식으로 접어듭니다.

고칼로리가 80% 감자를 진행한다고 해 봅시다. 주주들이 가진 주식의 80% 즉 액면가 기준으로 40만 원어치 주식(50만 원×80%)을 회수해 소각하면서 아무런 보상을 해주지 않습니다. 회사는 감자차익 40만 원을 얻게 됩니다. 감자차익은 자본잉여금의 한 종류입니다.

회사가 영업을 잘해서 돈을 벌면 이익잉여금이고, 이렇게 주주와의 주식 거 래(자본 거래)에서 이익을 보면 자본잉여금이 됩니다. 감자를 하면 그만큼의 감자차익(자본잉여금)이 생기고, 이 감자차익을 결손금 해소에 사용할 수 있 습니다.

 자본총계 < 자본금

 자본잠식

회사의 누적 적자폭이 커져서
재무제표상에서 자본총계가 자본금보다 적은 상태

고칼로리가 감자한 뒤 자본총계는 '자본금 10만 원+(결손금 30만 원)+자본잉여금 40만 원'이 됩니다. 계산하면 20만 원입니다.

> ## 자본 20만 원=자본금 10만 원+(결손금 30만 원)
> ## +자본잉여금 40만 원

자본잉여금을 결손금 해소에 사용해 정리해 봅시다.

> ## 자본 20만 원=자본금 10만 원+자본잉여금 10만 원

어떻습니까? 자본총계는 감자 전이나 후에 20만 원으로 동일합니다. 자본총계 내에서 자본금 감소가 일어났지만, 그 금액만큼의 감자차익(자본잉여금)이 생겼기 때문입니다.

그러나 자본의 구성은 크게 달라집니다. 자본잉여금 40만 원으로 결손금(30만 원)을 없애고도 10만 원의 자본잉여금이 남습니다. 자본금은 50만 원에서 주식 소각으로 40만 원이 빠져 10만 원이 되었습니다. 어떻습니까? 결과적으로 자본총계(20만 원)가 자본금(10만 원)보다 더 큰 정상 상태, 자본잠식이 해소된 상태로 바뀌었습니다.

[(주)고칼로리 무상감자를 통한 결손금 해소]

 A 40주
 B 30주
 C 20주
 D 10주

80% 감자
구주 1주당
0.8주 소각

 A 8주
 B 6주
 C 4주
 D 2주

자본 20만 원
=자본금 50만 원 +(결손금 30만 원)
(자본 〈 자본금)
➡ **부분자본잠식**

자본 20만 원
=자본금 10만 원 +자본잉여금 10만 원
(자본 〉 자본금)
➡ **자본잠식 해소**

자본금 50만 원×80%=40만 원 자본금 감소
➡ 40만 원 감자차익(자본잉여금 발생)

자본잠식에서
벗어나는 세 가지 방법

●●● 스마트폰 케이스 제조업체 (주)코스나인(옛 나인컴플렉스)의 〈재무상
태표〉를 한번 봅시다. 플라스틱 재질의 스마트폰 케이스 제작이 주력 사업
이던 코스나인은 스마트폰 소재가 메탈 위주로 변화하면서 실적 악화를 겪
었습니다.

2016년에는 적자로 전환(당기순손실 65억 원)했습니다. 2015년 말 기준 이익잉
여금 177억 원에서 2016년의 당기순손실 65억 원을 빼면 2016년 말의 이익
잉여금은 112억 원입니다. 이때까지는 플러스 누적 이익잉여금 구조를 유지
했습니다.

그러나 2017년에 다시 296억 원의 당기순손실을 내고 말았습니다. 드디어 이
익잉여금이 마이너스로 전환했습니다. 즉, 2017년 말에는 이익잉여금은 없고
오히려 결손금 182억 원이 자본 내에 자리를 잡게 되었습니다.

2018년에는 당기순손실 규모가 더 확대되어 494억 원을 기록했습니다. 그해
말 누적 결손금도 677억 원까지 커졌습니다. 그 결과 2018년 말 회사는 자본
잠식 상태에 진입했습니다. 자본금(210억 원)이 자본총계(135억 원)보다 75억
원 더 커졌습니다.

[(주)코스나인 자본 구조는 어떻게 망가졌나?]

2016년 말

자본총계	692억 원
자본금	100억 원
이익잉여금(결손금)	112억 원
자본잉여금 등 기타	480억 원

**2017년
순손실
296억 원**

2017년 말

자본총계	613억 원
자본금	201억 원
이익잉여금(결손금)	(182억 원)
자본잉여금 등 기타	594억 원

**2018년
순손실
494억 원**

2018년 말

자본총계	135억 원
자본금	210억 원
이익잉여금(결손금)	(677억 원)
자본잉여금 등 기타	602억 원

자본잠식 단계에 진입

$$자본잠식률 = \frac{자본금 - 자본총액}{자본금} \times 100 = \frac{75억\ 원}{210억\ 원} \times 100 = 36\%$$

회사가 자본잠식에서 탈출하려면 당기순이익을 많이 내면 됩니다.

예를 들어 코스나인이 2019년에 100억 원의 당기순이익을 낸다고 합시다. 이 100억 원의 이익잉여금을 활용해 결손금을 677억 원에서 577억 원으로 줄일 수 있습니다.

자본금은 210억 원 그대로인데 자본총계(135억 원)에서 마이너스 역할을 하고 있던 결손금이 100억 원 감소하면 어떻게 될까요? 자본총계는 100억 원 증가한 235억 원이 될 수 있습니다.

그러나 이 회사의 경우 이익을 낼 만큼 업황 전망이 밝지 않았습니다. 이익은 커녕 적자가 이어질 가능성이 더 높았습니다.

자본잠식에서 탈출하는 방법의 예

[당기순이익으로 가능할까?]

2018년 말

자본총계	135억 원
자본금	210억 원
이익잉여금 (결손금)	(677억 원)
자본잉여금 등 기타	602억 원

2019년 당기순이익 100억 원

2019년 말

자본총계	235억 원
자본금	210억 원
이익잉여금 (결손금)	(577억 원)
자본잉여금 등 기타	602억 원

2018년 말 결손금 677억 원
− 2019년 당기순이익(이익잉여금) 100억 원
= 2019년 말 결손금 577억 원

➡ **자본잠식 탈출 가능성** : 업황 전망 악화로 당기순이익을 창출하기 어려움. 현실적 가능성 낮음.

자본잠식 탈출을 위한 또 다른 방법은 유상증자입니다. 주식발행초과금(자본잉여금)을 발생시키는 거지요. 대규모 결손금을 해소하려면 유상증자 규모가 커야 합니다. 아니면 유상증자 신주 발행가격이 액면가보다 크게 높아야 합니다. 그래야 결손금 처리에 써먹을 수 있는 주식발행초과금 규모가 커지니까요.

적자로 자본잠식에 빠진 기업의 주가가 높을 리는 없겠지요. 이런 기업이 대규모 유상증자까지 한다면 주가는 더 폭락하기 십상입니다. 그러니 이런 기업에는 유상증자가 자본잠식 탈출 방법이 되긴 어렵습니다.

자본잠식 기업은 신규 자금 조달 등에 많은 제약을 받습니다. 상장사의 경우 자본잠식 해소 여부에 따라 관리종목에 편입되거나 상장폐지로까지 이어질 수 있습니다.

이럴 때 회사가 선택할 수 있는 가장 쉬운 방법은 감자입니다. 실제로 코스나인은 자본잠식에서 탈출하기 위해 감자를 선택했습니다. 코스나인은 2019년 5월 보통주에 대한 80% 감자를 결정했습니다.

[유상증자를 통해 창출한 자본잉여금으로 가능할까?]

- 가상기업 (주)고칼로리 사례 -

2018년 말

자본총계	20만 원
자본금	50만 원
이익잉여금 (결손금)	(30만 원)
자본잉여금 등	—

자본잠식률 60%

**2019년 초
현재 주가 9000원
(액면가 5000원)**

2019년 초 유상증자 직후

자본총계	65만 원
자본금	75만 원
이익잉여금 (결손금)	(30만 원)
자본잉여금	20만 원

자본잠식률 13%

현재 주가 수준으로 50주 유상증자
자본금 증가 : 25만 원(5000원×50주)
자본잉여금(주식발행초과금) 증가 : 20만 원(4000원×50주)

➡ **자본잠식 탈출 가능성** : 주가가 낮을 경우 대규모 유상증자를 해도
자본잠식 상태 유지(자본잠식률을 낮출 수는 있음).

▶ **현실적으로 적자기업이 결손금을 해소하기 위해
대규모 유상증자를 하기는 어려움**

코스나인은 어떻게
자본잠식에서 탈출했을까?

●●● 2019년 5월 24일 (주)코스나인의 감자 결정 공시 내용을 볼까요?
보통주 3869만 3684주(액면가 500원)를 주주들로부터 회수해 소각할 예정입니다. 감소하는 자본금은 193억 원(500원×3869만 3684주)입니다. 공시를 보면 자본금이 241억 원에서 193억 원 줄어들어, 48억 원이 된다고 제시되어 있습니다.

감자비율은 80%입니다. 5주를 같은 액면의 주식 1주로 만드는 5대 1 무상 병합입니다. 감자 사유는 '결손금 보전을 통한 재무 구조 개선'이라고 되어 있습니다. 줄어드는 자본금 193억 원만큼 회사에 감자차익(자본잉여금)이 발생합니다. 자본총계 내에서 자본금 193억 원이 줄고 동시에 193억 원의 자본잉여금이 발생하니까 자본총계는 변함이 없습니다.

2018년 말 기준으로 이 회사는 자본금(210억 원)이 자본총계(135억 원)보다 75억 원 더 큰 자본잠식 상태였습니다. 이제 감자가 끝나면 자본금은 48억 원으로 감소하는 반면 자본총계는 그대로 유지되기 때문에, 자본금보다 자본총계가 더 커질 겁니다. 자본잠식에서 벗어난다는 이야기지요.

자본금 193억 원

감자차익 193억 원

자본총계

[(주)코스나인 감자 결정 공시]

2019년 5월 24일

감자 주식 종류와 수	보통주식(주)	38,693,684	
1주당 액면가액(원)		500	
감자 전후 자본금		감자 전(원)	감자 후(원)
		241억	48억
감자 전후 주식수	구분	감자 전(주)	감자 후(주)
	보통주식(주)	48,367,104	9,673,420
감자비율	보통주식(%)	80	
감자 기준일		2019년 7월 30일	
감자 방법		액면금액 500원인 보통주 5주를 같은 액면 1주로 무상 병합	
감자 사유		결손금 보전을 통한 재무 구조 개선	
감자 일정	주주총회 예정일	2019년 6월 26일	
	매매 정지 예정 기간	2019년 7월 29일~8월 16일	
	신주권 교부 예정일	2019년 8월 16일	

주주총회에서 특별결의로 감자 안건이 통과되고 나면 얼마간 주식 매매 정지 기간을 거쳐 거래가 재개됩니다.

이런 감자는 '회계적'으로 재무 구조를 개선할 뿐, 실제 회사의 현금흐름에 도움이 되는 것은 아닙니다. 그래서 감자로 결손금을 해소한 뒤, 회사가 투자자금이나 운영자금이 필요해 기존 주주를 대상으로 유상증자를 하기도 합니다.

한편으로는 새로운 투자자를 끌어와 유상증자를 단행할 수도 있습니다. 새로 들어오는 투자자를 대상으로 제3자 배정 유상증자를 하는 과정에서 최대주주가 바뀌기도 합니다.

또 새로운 투자자가 유상증자에 앞서 회사 측에 감자를 통한 재무 구조 개선을 요구할 수도 있습니다. 감자로 발행주식수를 일단 많이 줄인 다음 들어와야 신규 자금을 적게 투입하고도 경영권을 확보할 수 있기 때문이죠.

감자는 회계적으로
재무 구조를 개선하는 것일 뿐,
기업의 본질가치를 변화시키는 것은 아니다.

주가가 네 배 넘게 뛰었어? 감자 후 착시

●●● 우리는 앞서 증자 편에서 권리락일에 기준주가를 인위적으로 하향 조정한다고 배웠습니다(50쪽). 감자를 할 때도 마찬가지로 기준주가 조정이 있습니다. 발행주식수가 감소하기 때문에 주당 가치는 올라가겠지요? 그래서 감자 직후 기준주가를 상향 조정합니다.

예를 들어보겠습니다. ㈜고칼로리가 2대 1 감자를 한다고 합시다. 발행주식수가 절반으로 줄어드는 50% 감자지요. 고칼로리 주식은 2020년 2월 7일(금요일)~13일(목요일)까지 거래가 정지되고 감자 작업을 마친 뒤 2월 14일(금요일)에 거래가 재개된다고 해 보겠습니다.

거래 정지 개시 직전인 2월 6일(목요일)의 종가가 1만 원이었습니다. 50% 감자를 거쳐 주식수가 절반으로 줄어들기 때문에 거래가 재개되는 2월 14일 금요일 아침의 기준주가는 2만 원(1만 원×2배)이 됩니다. 정식 개장시간인 아침 9시 이전 동시호가에서부터 2만 원을 기준주가로 해 거래가 시작된다는 이야기입니다.

2월 14일 거래가 재개되면서 종가가 2만 6000원으로 결정됐다고 해 보지요. 고칼로리의 주가가 1만 원에서 갑자기 2만 6000원으로 오른 것처럼 보이지만, 50% 감자에 따른 기준주가 상향 조정 효과 때문입니다.

(주)고칼로리 2 대 1 감자
(감자비율 : 50%, 발행주식수 절반 감소)

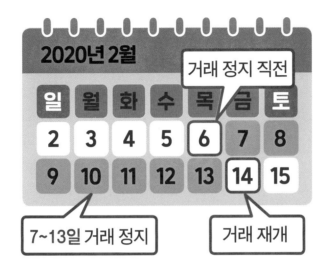

2020년 2월

거래 정지 직전

일	월	화	수	목	금	토
2	3	4	5	6	7	8
9	10	11	12	13	14	15

7~13일 거래 정지

거래 재개

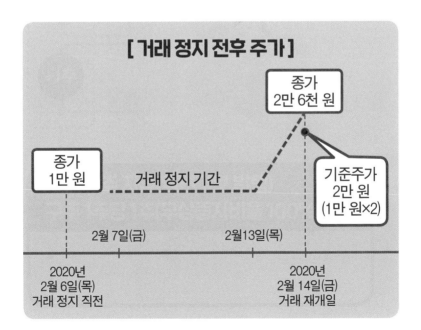

[거래 정지 전후 주가]

종가
2만 6천 원

종가
1만 원

거래 정지 기간

기준주가
2만 원
(1만 원×2)

2월 7일(금)

2월13일(목)

2020년
2월 6일(목)
거래 정지 직전

2020년
2월 14일(금)
거래 재개일

고칼로리 주가는 회사 영업실적에 따라 앞으로 3만 원대로 올라갈 수도 있을 겁니다. 이렇게 되면 주주로서는 감자 이후 수익 측면에서는 오히려 더 좋아질 수도 있는 거지요. 하지만 주가가 다시 밀리면서 1만 원 수준으로 떨어진다면 감자까지 감수한 주주로서는 막심한 손실을 보게 됩니다.

(주)코스나인의 감자에 따른 거래 정지 기간은 2019년 7월 29일(월요일)~8월 16일(금요일)까지였습니다. 코스나인의 감자비율은 80%(5대 1 감자)였고, 거래 정지 직전 거래일인 7월 26일(금요일) 종가는 521원이었습니다.

따라서 거래 재개일인 8월 19일(월요일) 기준주가는 2605원(521원×5배), 이날의 종가는 2340원이었습니다.

주가 흐름을 보면 7월 26일 521원에서 주가가 8월 19일 갑자기 2605원으로 치솟은 것처럼 보이지만, 감자에 따른 기준주가 상향 조정 효과라는 겁니다.

(주)코스나인 5 대 1 감자
(감자비율 : 80%, 발행주식수 80% 감소)

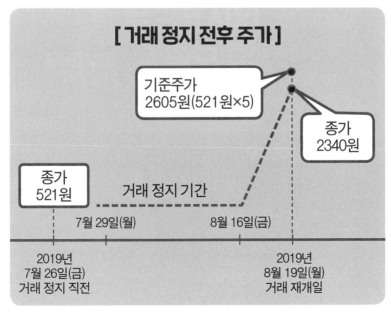

[거래 정지 전후 주가]

금호전기가
액면가 조정 감자를 한 이유

●●● 대개의 감자는 발행주식수를 줄이는 방법으로 시행합니다. 그런데 발행주식수가 감소하면 주식 거래량이 줄어 주가 상승 탄력이 떨어질 수 있습니다. 혹은 약간의 거래량만으로도 시세 변동폭이 커지기 때문에 주가 조작이나 투기 세력의 타깃이 될 수도 있지요. 그래서 어떤 경우에는 발행주식수를 유지하면서 액면가를 낮추는 식으로 감자를 합니다.

금호전기(주)의 2019년 8월 감자 결정 공시를 한번 봅시다. 액면가 조정 감자라는 것을 알 수 있습니다. '감자 주식 종류와 수'가 공란입니다. 발행주식수가 그대로 유지되니까요.

액면가를 5000원에서 500원으로, 10분의 1로 줄입니다. 감자비율은 90%입니다. 결손금을 해소해 재무 구조를 개선할 목적입니다. 감자 전후 자본금이 496억 원에서 49억 원으로 감소합니다. 줄어드는 자본금 447억 원만큼 감자차익(자본잉여금)이 발생해 결손금을 없애는데 쓸 수 있습니다.

이 같은 재무 구조 개선에도 불구하고 금호전기 대주주들은 만성적자를 견디지 못하고, 결국 2019년 12월에 회사를 매각했습니다.

[금호전기 감자 결정 공시]

2019년 8월

감자 주식 종류와 수	보통주식(주)	–	
	기타주식(주)	–	
1주당 액면가액(원)		500	
감자 전후 자본금		감자 전(원)	감자 후(원)
		496억	49억
감자 전후 주식수	구분	감자 전(주)	감자 후(주)
	보통주식(주)	9,937,180	9,937,180
감자비율	보통주식(%)	90	
감자 기준일		2019년 10월 07일	
감자 방법		액면금액 감소(5000원 → 500원)	
감자 사유		재무 구조 개선 및 결손금 보전	
감자 일정	주주총회 예정일	2019년 9월 20일	
	매매 정지 예정 기간	2019년 10월 4일~24일	
	신주권 교부 예정일	2019년 10월 25일	

감자, 액면분할, 액면병합 구별하기

●●● 한가지 주의해야 할 것이 있습니다. 예를 들어 ㈜고칼로리의 발행 주식수는 100주, 자본금은 50만 원이라고 해봅시다(액면가 5000원). 액면가를 10분의 1인 500원으로 줄이면 자본금도 10분의 1로 줄어드는 감자가 일어납니다(500원×100주=5만 원)

그런데 액면가를 10분의 1인 500원으로 조정하면서, 주식도 쪼개어 발행 주식수를 10배로 늘리면 어떻게 될까요? 자본금은 50만 원(500원×1000주)으로 변화가 없겠지요? 이런 경우를 '단순 액면분할'이라고 합니다. 감자가 아닙니다!

예를 들어 액면가 5000원짜리 주식 1주를 액면가 1000원짜리 주식 5주로 만드는 것은 5대 1의 단순 액면분할이라는 거지요. 액면분할 전 주가가 1만 원이었다면, 액면분할로 주식이 다섯 배 늘어나니까 2000원에서 거래가 다시 시작될 겁니다. 액면분할은 주가를 낮추고 유통주식 수를 늘려서 거래를 활성화할 목적으로 단행합니다.

주식을 합치는 즉 병합하는 경우는 어떨까요? 주식 10주를 2주로 만드는 것은 5대 1로 병합하는 것입니다. 액면가 500원짜리 주식 10주를 '같은 액면가'의 주식 2주로 만듭니다. 이런 병합은 감자입니다. 그런데 액면가 500원짜리 주식 10주를 2주로 병합하면서 액면가를 다섯 배인 2500원으로 올린다면, 이 경우는 '단순 액면병합'입니다. 액면병합 전 주가가 2000원이었다면 병합 후 주가는 어떻게 될까요? 주식수가 5분의 1로 줄어들기 때문에 주가는 다섯 배 상향한 1만 원에서 거래가 재개됩니다.

액면가 조정

[액면가 조정 감자]

액면가 5000원,
100주
자본금 50만 원

→ 액면가 10분의 1 감소
발행주식수 유지

액면가 500원,
100주
자본금 5만 원

[단순 액면분할]

액면가 5000원,
100주
자본금 50만 원

→ 액면가 10분의 1 감소
발행주식수 10배 증가

액면가 500원,
1000주
자본금 50만 원

자본금 유지

주식 병합(발행주식수 감소)

[감자병합]

액면가 500원,
100주
자본금 5만 원

→ 주식 5대 1 병합
액면가 유지

액면가 500원,
20주
자본금 1만 원

[단순 액면병합]

액면가 500원,
100주
자본금 5만 원

→ 주식 5대 1 병합
액면가 5배 상향

액면가 2500원,
20주
자본금 5만 원

자본금 유지

웅진씽크빅,
주주 위해 배당도 하고
유상감자도 했다?

●●● 주주들에게 적절한 보상을 하고 주식을 회수해 소각하는 방법을 유상감자라고 합니다. 대개 시세보다 약간 높은 가격으로 주식을 매입합니다.

어떤 경우에 유상감자를 할까요? 대주주가 자금이 필요할 때가 있습니다. 상속세나 소득세를 납부해야 하는 경우지요. 대주주가 돈이 필요하다고 해서 대주주만을 대상으로 유상감자를 할 수는 없습니다. 모든 주주에게 동일한 비율로 유상감자에 참여할 수 있는 기회를 부여해야 합니다. 대주주 또는 주요 주주들이 투자회사(사모펀드 등)인 경우 투자금 일부를 조기회수하기 위해 유상감자를 하기도 합니다. 시세보다 꽤 높은 가격으로 회사가 주식을 되사면서 '주주 가치 제고' '주주 이익 환원' 차원에서 유상감자를 실시하는 경우도 있습니다.

2020년 2월 10일 웅진씽크빅이 제출한 감자 결정 공시 내용을 살펴볼까요. 보통주 1677만 1656주를 주주들로부터 회수해 소각합니다. 주당 2975원에 사들이네요. 최근 2개월, 1개월, 1주일간 주가 흐름을 평균해 산출한 값에 20%의 프리미엄을 적용한 가격입니다. 시세보다 비싼 값에 매입해 소각하겠다는 거지요. 감자비율은 12.5%입니다. 1000주를 가진 주주라면 125주가 소각되고 37만 1875원(2975원×125주)을 받습니다. 회사가 보유한 자기주식도 12.5%를 소각하는데, 자기주식은 무상소각입니다.

[웅진씽크빅(주)의 감자 결정 공시]

2020년 2월 10일

감자 주식 종류와 수	보통주식(주)	16,771,656	
1주당 액면가액(원)		500	
감자 전후 자본금		감자 전(원)	감자 후(원)
		67,086,624,000	58,700,796,000
감자 전후 주식수	구분	감자 전(주)	감자 후(주)
	보통주식(주)	134,173,248	117,401,592
감자비율	보통주식(%)	12.5	
감자 기준일		2020년 4월 25일	
감자 방법		강제 유상소각(자기주식은 감자비율 12.5%에 따라 무상소각) ● 유상소각 대금 : 1주당 2,975원 ● 지급 예정일 : 2020년 5월 14일	
감자 사유		자본금 규모의 적정화 및 주주 가치 제고	
감자 일정	주주총회 예정일	2020년 3월 24일	

| 기타 투자 참고 사항 |

유상소각 대금 산정방법 : 「자본시장과 금융투자업에 관한 법률」시행령 제176조의 7
1. 최근 2개월 가중평균주가(2,709원)
2. 최근 1개월 가중평균주가(2,362원)
3. 최근 1주일 가중평균주가(2,372원)
   (1+2+3)/3=2,480원을 기준으로 20% 프리미엄 반영해 2,975원으로 결정.

웅진씽크빅은 유상감자를 하는 목적이 자본금 규모의 적정화 및 주주 가치 제고라고 기재했습니다. 자본금은 감자 전 670억 원에서 감자 후 587억 원으로 줄어듭니다. 회사는 '주주 가치 제고' 차원이라는 데 방점을 찍습니다.

이 회사는 앞서 주당 310원의 배당을 결정했습니다. 현금배당도 하면서 동시에 유상감자로 주주들의 주식 일부를 현금으로 매입해 소각하겠다는 거지요. 1000주를 가진 주주라면 일단 배당금으로 31만 원을 받습니다. 그다음 125주를 회사에 내놓고 37만 1875원을 받으면 됩니다.

국내 대표적 유니콘 기업(기업 가치 1조 원 이상의 스타트업)으로 평가받는 (주)야놀자가 2019년 10월에 기관투자자 주주들을 대상으로 약 1000억 원 규모의 유상감자를 단행했습니다.

이러한 유상감자는 기관투자자 주주들이 회사와 협의해, 투자금을 일부 회수하려는 방편으로 진행한 것으로 판단됩니다.

왜 돈 주고 주식을 사들여 소각할까?

| 유상감자의 목적 |

1	대주주가 자금을 마련하기 위해
2	대주주 또는 주요 주주들이 투자금 가운데 일부를 조기회수하기 위해
3	주주 가치 제고 또는 주주 이익 환원 차원

[웅진씽크빅(주) 현금·현물 배당 결정 공시]

2020년 2월 10일

배당 구분		결산배당
배당 종류		현금배당
1주당 배당금(원)	보통주식	300
	종류주식	–
시가배당율(%)	보통주식(%)	12.6
	종류주식	–
배당금총액(원)		41,097,302,640
배당 기준일		2019년 12월 31일
배당금 지급 예정 일자		–
주주총회 개최 여부		개최
주주총회 예정 일자		2020년 3월 24일
이사회 결의일(결정일)		2020년 2월

| 기타 투자 판단과 관련한 중요 사항 |

시가배당율은 주주명부 폐쇄일 2 매매 거래일 전부터 과거 1주일간의 거래소 시장에서
형성된 최종가격의 산술평균가격에 대한 1주당 배당금 배분율임

진로발효에
감자차손 260억 원이
왜 생겼을까?

●●● 회사가 유상감자를 실시하면 재무 구조에 어떤 변화가 발생하는지 ㈜진로발효 사례로 한번 살펴봅시다.

우선 ㈜고칼로리(발행주식수 100주)가 20%의 감자비율로 주당 8000원에 유상감자를 실시한다고 해 봅시다. 회사는 총 16만 원(20주×8000원)을 보상하고 주주들로부터 20주를 받아 소각합니다.

앞서 '증자'를 설명하면서, 회사가 주당 8000원(액면가 5000원)에 유상증자를 한다면 액면가초과금액인 주당 3000원의 주식발행초과금이 발생한다고 했습니다. 그리고 이 주식발행초과금은 자본잉여금의 한 종류라고 했습니다. 잉여금이니까 당연히 자본총계를 늘려주는 역할을 합니다.

그런데 주당 8000원에 유상감자를 하면 어떻게 될까요? 증자할 때와는 반대로 액면가초과금액인 주당 3000원의 감자차손이 발생합니다. 감자차손은 자본총계 내의 '기타 자본' 또는 '자본 조정'이라는 항목에 집어넣습니다. 감자차손은 자본총계를 감소시키는 마이너스 역할을 합니다.

㈜고칼로리는 유상감자로 6만 원(20주×3000원)의 감자차손이 생기고, 그만큼 자본총계가 줄어듭니다.

만약 주당 유상감자 가격이 3000원이라면 어떻게 될까요? 액면가보다 2000원 적게 보상했기 때문에 주당 2000원의 감자차익이 발생합니다.

주당 보상을 한 푼도 하지 않는 즉 무상감자를 하면요? 주당 액면가(5000원)만큼이 고스란히 감자차익이 됩니다. 이 내용은 '감자' 편에서 설명했습니다.

[주당 유상·무상 감자 가격에 따른] 재무 구조 변화

발행주식수 100주

20% 유상감자
유상 소각대금 주당 8000원
(액면가 5000원)

발행주식수 80주

자본총계 감소 16만 원
자본금 감소 10만 원(5천 원×20주)
감자차손 6만 원(3천 원×20주)

발행주식수 100주

20% 유상감자
유상 소각대금 주당 3000원
(액면가 5000원)

발행주식수 80주

자본총계 감소 6만 원
자본금 감소 10만 원(5천 원×20주)
감자차익 4만 원(2천 원×20주)

발행주식수 100주

20% 무상감자
소각대금 주당 0원
(액면가 5000원)

발행주식수 80주

자본총계 감소 0원
자본금 감소 10만 원(5천 원×20주)
감자차익 10만 원

2019년 7월 (주)진로발효가 낸 감자 결정 공시를 한번 봅시다. 보통주 90만 2880주에 대해 주당 2만 9350을 적용해 유상감자합니다. 유상감자 목적은 '자본금 규모 적정화 및 주주 가치 제고'라고 적었습니다.

자본금 규모 적정화가 무슨 뜻일까요? 자본금 규모가 과다할 경우 회사가 지속해서 성장하지 않으면 자기자본이익률, 총자산회전율 등 각종 재무 지표의 비율이 떨어집니다.

감자비율은 12%입니다. 회사가 보유한 자기주식에 대해서도 12%를 소각하는데, 이 주식은 무상소각합니다. 감자는 유상이건 무상이건 주주총회를 거쳐야 합니다. 참고로, 이 회사는 2012년에 대주주의 상속세를 납부하기 위해 유상감자를 단행한 적이 있었습니다.

진로발효가 감자를 완료한 후 제출한 2019년 3분기 보고서를 보면, '기타 자본' 항목에 감자차손이 기록되어 있습니다. 260억 원입니다.

어떻게 계산된 것일까요? '(주당 유상감자 금액 2만 9350원-액면가 500원)×감자주식수 90만 2880주', 이렇게 계산해 약 260억 원입니다.

감자차손=(2만 9350원 - 500원) × 90만 2880주 = 260억 원		
주당 유상감자 금액	액면가	감자주식수

[(주)진로발효 감자 결정 공시]

2019년 7월

감자 주식 종류와 수	보통주식(주)	902,880	
1주당 액면가액(원)		500	
감자 전후 자본금		감자 전(원)	감자 후(원)
		3,984,450,000	3,533,010,000
감자 전후 주식수	구분	감자 전(주)	감자 후(주)
	보통주식(주)	7,524,000	6,621,120
감자비율	보통주식(%)	12.00	
감자 기준일		2019년 8월 26일	
감자 방법		총발행주식수(7,524,000주)에 대해 감자비율 12% 적용 1. 자기주식의 12% : 무상감자 2. 자기주식 제외한 발행주식수의 12% : 유상감자 3. 유상 소각대금 : 1주당 29,350원	
감자 사유		자본금 규모의 적정화 및 주주 가치 제고	
감자 일정	주주총회 예정일	2019년 7월 22일	
	매매 거래 정지 예정 기간	2019년 8월 23일~9월 10일	
	신주권 교부 예정일	2019년 9월 10일	

[(주)진로발효 2019년 3분기 보고서 연결재무제표 주석]

기타자본

구분	2018년 말	2019년 3분기 말
감자차손*	–	(260억 원)

*2019년 3분기 중 유상감자로 인해 발생했습니다.

CHAPTER 03

기업을
왜 쪼개고 나누는가?
분할과
지주회사 전환

기업의 분할과 합병은 주주에게 어떤 영향을 미칠까?

●●● 현대중공업그룹이 산업은행으로부터 대우조선해양을 인수했습니다. 아직 절차가 마무리된 것은 아닙니다(2020년 6월 기준). 세계 주요 국가의 기업결합(인수)심사를 통과해야 합니다.

글로벌 1, 2위 회사인 현대중공업그룹이 대우조선해양을 인수하면 세계 시장 21%(수주 잔량 기준) 이상을 장악하는 거대 기업이 탄생하게 됩니다. 따라서 선박 발주량이 많은 해외 국가들로부터 기업결합심사를 받아야 합니다. 기업결합심사 국가는 한국, 일본, 중국, 유럽연합, 싱가포르, 카자흐스탄 총 6개국입니다.

현대중공업그룹이 대우조선해양을 인수하기 위해 가장 먼저 시행한 것은 현대중공업을 두 개로 나누는, 즉 기업을 분할하는 것이었습니다. 그림에서 보는 것처럼 현대중공업에서 조선사업 관련한 자산 및 부채를 따로 떼 새롭게 회사를 만들었습니다. 이 신설회사 이름이 '현대중공업'입니다.

조선사업을 떼어준 기존의 현대중공업이 갖고 있는 자산은 삼호중공업과 현대미포조선 지분(투자주식)들입니다. 기존 현대중공업은 사명을 '한국조선해양'으로 바꿨습니다.

[현대중공업 과거 지배 구조]

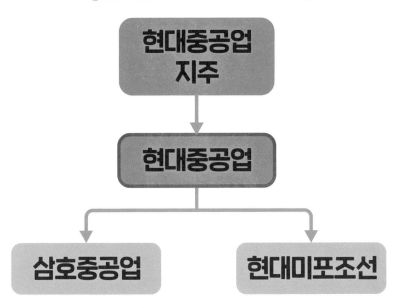

[현대중공업 분할]

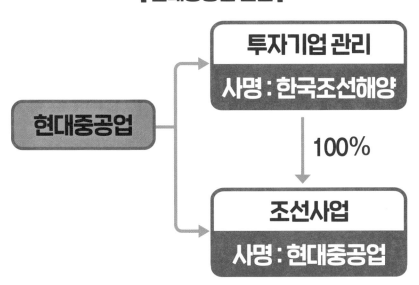

아 참! 한국조선해양이 갖는 지분이 또 있습니다. 바로 현대중공업이 새로 만들어질 때 발행하는 주식을 한국조선해양이 모두 가집니다. 이렇게 되면 신설 현대중공업은 한국조선해양의 100% 자회사가 됩니다. 한국조선해양 아래에 삼호중공업, 현대미포조선, 현대중공업이 자회사로 포진하게 됩니다. 대우조선해양을 인수하는데, 왜 현대중공업을 이렇게 분할하는 걸까요? 그냥 산업은행에 현금을 주고 대우조선해양 지분 56%를 사오는 방법도 있을 텐데요.

2020년 2월에 태영건설이 지주회사 체제로 전환하겠다며 첫 단계로 태영건설 분할 공시를 했습니다. 태영건설은 SBS방송을 소유하고 있습니다. 반도체 소재기업으로 유명한 솔브레인도 이 무렵 지주회사로 전환하기 위해 기업분할을 하겠다고 밝혔습니다. 왜 기업들은 지주회사 전환의 첫걸음으로 기업분할을 실시할까요? 분할만 하면 지주회사가 되는 것일까요?

기업은 쪼개기만 하는 것이 아니라 합치기도 합니다. 합병이라는 건데요. 기업 간 합병은 국내외에서 활발하게 일어나고 있습니다. 2020년 6월 현재 스웨덴 볼보자동차와 중국 지리자동차가 합병을 추진하고 있습니다. 지리자동차는 10년 전 볼보자동차를 인수해 자회사로 보유하고 있었습니다. 이번에 아예 두 회사를 한 회사로 합치겠다는 겁니다. 세계 3위 통신사인 미국의 T모바일과 4위 스프린트도 합병을 추진하고 있습니다. 국내에서는 최근 IPTV 2위 사업자인 SK브로드밴드와 케이블TV 2위 사업자인 티브로드가 합병했습니다. 유료방송시장에서 이종기업간 결합인 셈입니다.

회사를 합치는 이유는 합병에 따른 시너지가 있기 때문일 것입니다. 합병에는 흡수하는 회사와 흡수되는 회사가 존재합니다. 즉 한 회사는 소멸한다는 거지요. 회사의 소멸은 주주에게 어떤 영향을 미칠까요? 이번 장에서는 기업의 분할과 합병에 관한 모든 것을 파헤쳐 보겠습니다.

[현대중공업 기업분할 후 지배 구조]

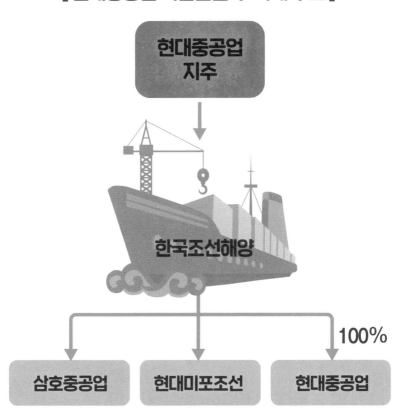

현대중공업
지주

한국조선해양

100%

삼호중공업   현대미포조선   현대중공업

분할되는 회사 주식은
누구 거?
인적분할과 물적분할

●●● 기업을 분할하는 기본 원리에 대해 그림으로 간단하게 살펴보겠습니다. 자세한 설명은 뒤에서 다시 하겠습니다. 일단 그림만 머릿속에 담아놓기 바랍니다.

(주)고칼로리는 피자사업부와 치킨사업부를 가지고 있습니다. 주주는 A(40%), B(30%), C(20%), D(10%) 딱 네 명입니다. 고칼로리는 치킨사업을 따로 떼 새로운 회사를 만들기로 했습니다. 이 회사를 분할신설법인이라고 합니다. 회사 이름은 (주)치맥입니다. 고칼로리의 치킨사업과 관련한 자산과 부채들이 다 치맥으로 넘어갑니다.

치킨사업을 떼주고 피자사업만 남은 기존 회사는 분할존속법인이라고 합니다. 회사 이름은 (주)고칼로리를 그대로 유지합니다.

신설회사인 치맥은 주식을 발행해 A, B, C, D 네 명의 주주에게 나누어 줍니다. 분할이 끝나면 네 명의 주주는 분할 후 고칼로리와 치맥 두 회사의 주주가 될 뿐 아니라, 두 회사에 대한 지배력(지분율)도 그대로 유지하게 됩니다. 분할 전 고칼로리에 대해 주주 A의 지분율이 40%였습니다. 분할 후 고칼로리와 치맥에 대해서도 A는 각각 40%의 지분율을 유지합니다. 이런 분할 방법을 인적분할(人的分割)이라고 합니다.

[기업분할-인적분할]

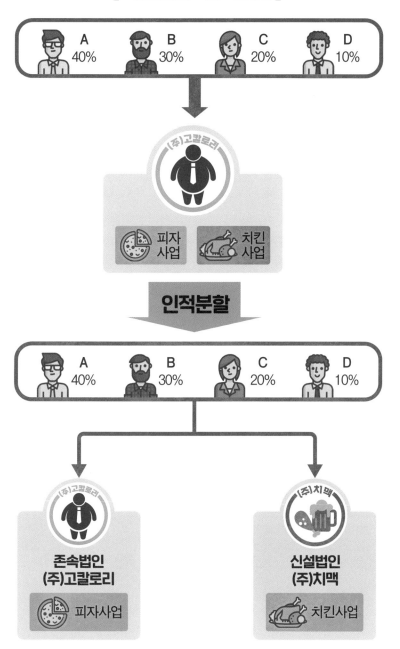

이번에는 물적분할(物的分割)을 그림으로 살펴보겠습니다.

㈜고칼로리에서 치킨사업을 떼어내 ㈜치맥이라는 회사를 새로 만듭니다. 사업을 떼어낸다는 것은 사업과 관련한 자산과 부채를 모두 치맥으로 이전시키는 거로 생각하면 됩니다.

먼저 살펴본 인적분할에서는 치맥이 발행하는 주식을 A, B, C, D 주주에게 배분했습니다. 그러나 이번에는 기업분할 후 고칼로리가 이 주식을 다 가집니다. 그러면 분할 후 치맥은 고칼로리의 100% 자회사가 됩니다. 이런 분할 방법을 물적분할이라고 합니다.

A, B, C, D 네 명의 주주는 분할 후에 고칼로리만 지배합니다. 하지만 고칼로리가 치맥을 100% 지배하기 때문에 네 명의 주주는 간접적으로 치맥도 지배하게 되는 것입니다.

A는 분할 후 고칼로리에 대해 40% 지분율을 가집니다. 고칼로리가 치맥을 100% 지배하니까 A는 치맥에 대해서도 40%의 지배력을 가진다고 말할 수 있습니다.

| 기업분할 방식 |

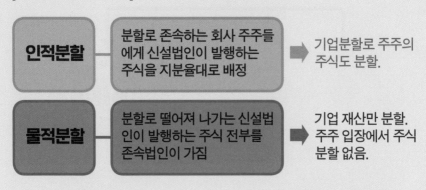

| 인적분할 | 분할로 존속하는 회사 주주들에게 신설법인이 발행하는 주식을 지분율대로 배정 | ➡ | 기업분할로 주주의 주식도 분할. |
| 물적분할 | 분할로 떨어져 나가는 신설법인이 발행하는 주식 전부를 존속법인이 가짐 | ➡ | 기업 재산만 분할. 주주 입장에서 주식 분할 없음. |

[기업분할-물적분할]

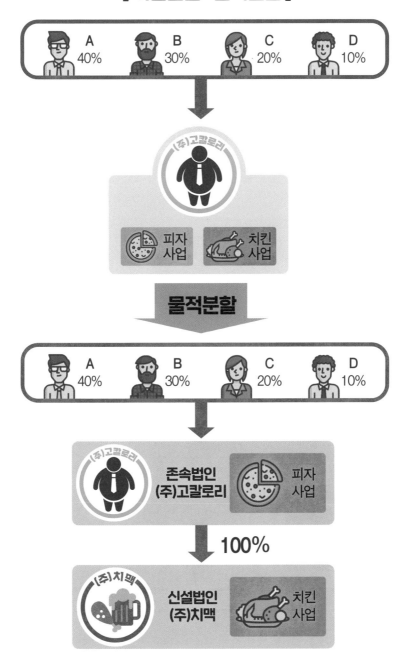

A 40%   B 30%   C 20%   D 10%

(주)고칼로리

피자 사업   치킨 사업

물적분할

A 40%   B 30%   C 20%   D 10%

존속법인 (주)고칼로리   피자 사업

100%

신설법인 (주)치맥   치킨 사업

투자한 기업이 인적분할하면
내 주식에는
어떤 변화가 생길까?

●●● 내가 투자하고 있는 회사가 인적분할을 하면 내 주식은 어떻게 될까요? 이제 조금 더 구체적으로 인적분할의 원리에 대해 살펴보겠습니다.

㈜고칼로리는 총발행주식수가 100주(자본금 50만 원)이고, 네 명의 주주 A(40주), B(30주), C(20주), D(10주)가 100주를 나눠 갖고 있습니다. 고칼로리에서 치킨사업을 분할하기 위해서는 자본금 분할비율을 정해야 합니다. 자본금 분할비율은 고칼로리 전체 순자산(자산-부채)에서 분할되어 나가는 치킨사업 순자산이 얼마나 되는지를 계산해 정합니다.

예를 들어 고칼로리 전체 순자산이 100만 원이고, 치킨사업과 관련한 자산과 부채를 다 뽑아서 순자산을 계산해 봤더니 30만 원이라고 해 봅시다. 그렇다면 분할비율은 존속회사 0.7 대 신설회사 0.3이 됩니다. 분할비율은 자본금을 나누기 위해 정한다고 했습니다. 회사 자본금 50만 원을 각각 35만 원과 15만 원으로 나누어 가집니다. 당연히 분할 전 발행주식 100주도 분할 후 고칼로리 70주, 치맥 30주로 나뉩니다.

[(주)고칼로리 자본금 분할비율 계산]

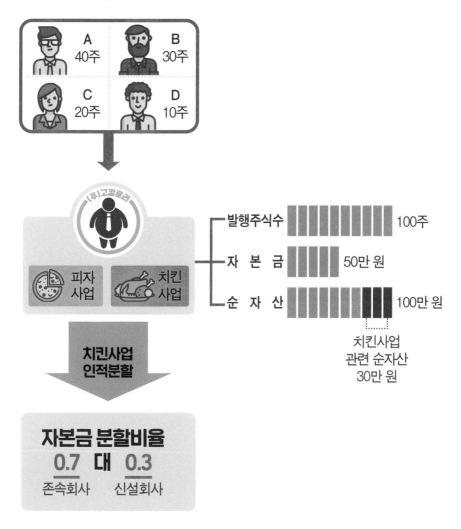

A 40주
B 30주
C 20주
D 10주

(주)고칼로리

피자 사업
치킨 사업

발행주식수 ▮▮▮▮▮▮▮▮▮▮ 100주

자 본 금 ▮▮▮▮▮ 50만 원

순 자 산 ▮▮▮▮▮▮▮▮▮▮ 100만 원

치킨사업
관련 순자산
30만 원

치킨사업
인적분할

자본금 분할비율
0.7 대 0.3
존속회사   신설회사

지분율 10%(10주)의 D 주주를 예로 들어 설명해 보겠습니다. 회사가 0.7 대 0.3의 비율로 분할하면서 D 주주가 가진 10주도 분할 후 고칼로리 7주와 치맥 3주로 쪼개진다고 생각하면 됩니다. 기업분할로 주주의 주식도 분할되는 거지요(좀 더 복잡한 설명이 있습니다만, 이해를 위해 과감하게 생략합니다).

자, 그럼 D 주주는 분할 후 고칼로리와 치맥의 주주가 되었습니다. 각각의 회사에 대한 지분율은 어떻게 바뀔까요?

분할 후 고칼로리에 대한 D의 주식은 7주인데, 회사의 총발행주식수가 70주이니 지분율은 10%입니다. D는 치맥 주식 3주를 갖게 되었는데, 치맥의 총발행주식수가 30주이므로 지분율은 역시 10%입니다.

어떻습니까?

D 주주는 분할 전 고칼로리의 피자사업과 치킨사업에 대해 10%의 지배력을 가지고 있었습니다. 분할 후에는 피자사업 회사(고칼로리)에 대해 10%, 치킨사업 회사(치맥)에 대해서도 10% 지배력을 각각 가지게 되었습니다.

주주 가치나 주주 지배력에 변화가 없습니다. 그래서 회사가 이런 분할을 할 때는 주주들에게 주식매수청구권을 부여하지 않아도 됩니다. 주식매수청구권은 분할에 반대하는 주주들이 회사에게 주식을 매입해 줄 것을 요구할 수 있는 권리입니다.

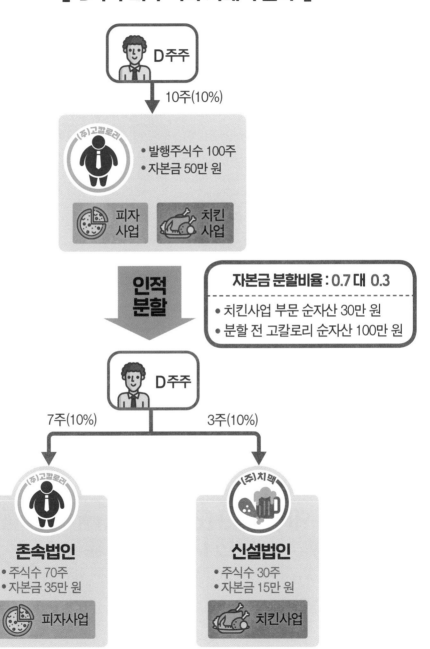

(주)고칼로리 인적분할 시 D 주주의 주식과 지배력 변화

D주주

10주(10%)

(주)고칼로리
- 발행주식수 100주
- 자본금 50만 원

피자 사업   치킨 사업

인적 분할

자본금 분할비율 : 0.7 대 0.3
- 치킨사업 부문 순자산 30만 원
- 분할 전 고칼로리 순자산 100만 원

D주주

7주(10%)   3주(10%)

(주)고칼로리   (주)치맥

존속법인
- 주식수 70주
- 자본금 35만 원

피자사업

신설법인
- 주식수 30주
- 자본금 15만 원

치킨사업

내 주식 그대로 두고,
재산만 나누는
물적분할의 원리

●●● 물적분할은 자본금을 분할하지 않습니다. 치킨사업에 속하는 자산과 부채를 신설회사인 ㈜치맥으로 이전만 하면 됩니다. 그리고 치맥이 발행하는 모든 주식을 분할 후 고칼로리가 다 소유합니다. 앞서 인적분할에서는 기존 주주 A, B, C, D 네 사람에게 치맥 주식이 배정되었습니다. 그래서 네 사람은 분할 후 고칼로리 주주이면서 동시에 치맥 주주가 되었습니다. 물적분할에서는 치맥 주식이 모두 고칼로리에게 배정되기 때문에 두 회사가 100% 모자(母子) 관계를 형성합니다.

D 주주의 입장에서 볼까요? D는 분할 전 고칼로리의 피자사업과 치킨사업에 대해 각각 10%의 지배력을 갖고 있었습니다. 분할 후에는 고칼로리의 피자사업에 대해서만 10% 직접 지배력을 갖게 되었습니다. 그런데 고칼로리가 치맥의 치킨사업을 100% 지배하고 있습니다. 그러니 D는 치킨사업에 대해서도 10%의 간접 지배력을 보유하게 되었다고 말할 수 있습니다. 이처럼 물적분할의 경우에도 주주 가치, 주주 지배력에 변화가 없으므로 주주에게 주식매수청구권이 부여되지 않습니다.

정리하자면 인적분할은 회사 분할에 따라 주주 주식도 분할됩니다. 물적분할은 회사 재산만 분할될 뿐 주주 입장에서 주식 분할은 없습니다. 그리고 인적분할이 됐건 물적분할이 됐건, 분할 전후 주주 가치와 주주 지배력에도 변화가 없다고 할 수 있습니다.

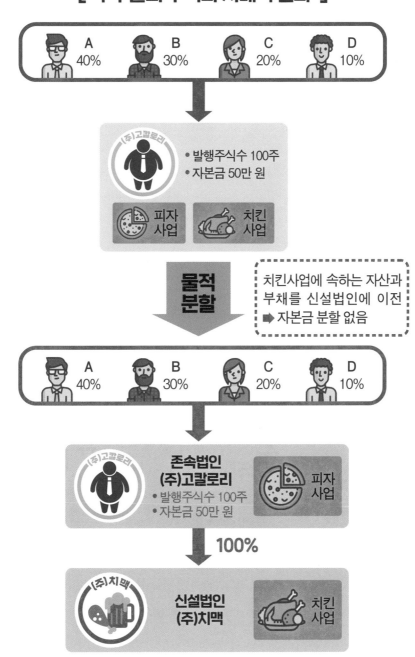

(주)고칼로리 물적분할 시 주주들의 주식과 지배력 변화

A 40% B 30% C 20% D 10%

(주)고칼로리
• 발행주식수 100주
• 자본금 50만 원
피자 사업   치킨 사업

물적 분할

치킨사업에 속하는 자산과 부채를 신설법인에 이전
➡ 자본금 분할 없음

A 40% B 30% C 20% D 10%

존속법인 (주)고칼로리
• 발행주식수 100주
• 자본금 50만 원
피자 사업

100%

신설법인 (주)치맥
치킨 사업

분할 전 기업이 보유한 자기주식은 어떻게 바뀔까?

●●● 지금까지 우리가 살펴본 ㈜고칼로리의 기업분할은 고칼로리가 자기주식(자사주)은 없다는 가정하에서 진행했습니다. 이번에는 자기주식이 있는 경우 분할에 어떤 변화가 있을지를 한번 살펴보겠습니다.

고칼로리의 발행주식수는 100주인데, 세 명의 주주 A(40주), B(30주), C(20주)가 있습니다. 그리고 회사가 자기주식으로 10주를 보유하고 있다고 가정해 봅니다(이번 사례에서는 D 주주가 없고, 대신 회사가 자기주식 10주를 가진 것으로 가정해 본다는 얘기입니다).

앞서 우리는 D 주주가 가졌던 분할 전 10주가 인적분할 후 고칼로리 7주와 치맥 3주로 바뀌는 걸 배웠습니다. 그리고 이 7주가 지분율로는 10%, 3주도 지분율 10%라는 것을 알게 되었습니다.

자, 그럼 이번 사례에서 분할 전 고칼로리가 가지고 있었던 자기주식(고칼로리 주식) 10주는 분할 후 고칼로리가 소유한다는데 착안해 봅시다. 분할 전의 10주는 가만히 있는 게 아니라 분할 과정에서 변신합니다. 무엇으로 변할까요?

[기업분할에 따른 주주 보유 주식의 변신]

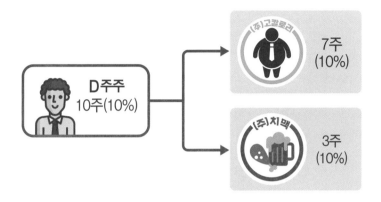

[기업분할에 따른 기업 보유 자기주식의 변신]

분할 전 고칼로리가 자기주식이 있는 경우
A 40주, B 30주, C 20주, 자기주식(자사주) 10주

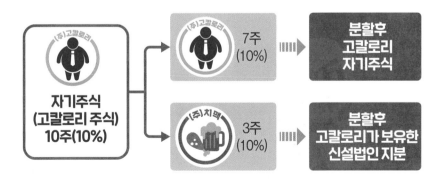

우리는 D 주주가 가졌던 분할 전 고칼로리 10주가 분할 후 고칼로리 7주와 치맥 3주로 변신했다는 것을 알고 있습니다. 자기주식(분할 전 고칼로리 주식) 10주도 이처럼 변신하겠지요.

그런데 이 7주와 3주는 누구의 것입니까? 고칼로리 것이지요! 그러니까 결론적으로 분할 후 고칼로리는 자기주식으로 7주를 가짐과 동시에 치맥 주식을 3주 갖게 된다는 게 결론입니다. 자기주식으로 10%, 치맥에 대한 지분율 10%를 갖게 되는 거지요.

간단하게 이렇게 생각하면 됩니다. 만약에 인적분할 전 고칼로리가 자기주식 15%가 있었다면, 분할 후 고칼로리는 치맥 지분 15%를 가지게 됩니다(물론 자기주식도 15%를 갖게 되고요). 자기주식이 20% 있었다면 분할 후 고칼로리가 치맥을 20% 지배하고, 30% 있었다면 30% 지배하게 되는 거지요.

자기주식이 많은 상태에서 인적분할을 하면 분할 이후 치맥에 대한 고칼로리 지분율 또한 높아진다는 이야기입니다.

어떻게 사랑이 변하니?

사랑은 변할지 모르지만, 분할 전후 자기주식 지분율에는 변화가 없어요!

[자기주식(자사주)의 변신]

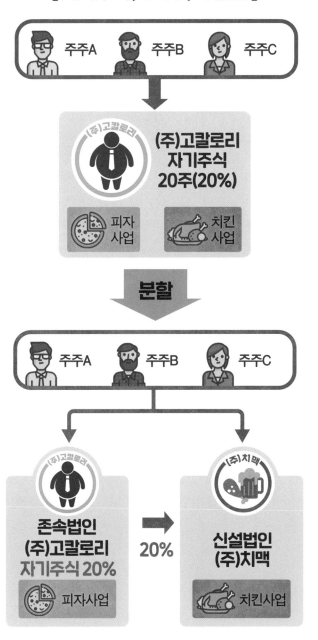

지주회사 전환 위한 첫 단추, 인적분할

●●● 자, 이렇게 인적분할과 자기주식의 변신에 관해 살펴봤으니, 이제 본격적으로 지주회사 체제 전환에 관해 설명하겠습니다.

㈜고칼로리는 피자사업과 치킨사업을 합니다. 당연히 회사에는 피자사업과 관련한 자산과 부채, 치킨사업과 관련한 자산과 부채들이 있겠지요. 고칼로리는 또 세 개의 자회사로 ㈜순대, ㈜족발, ㈜막창을 거느리고 있습니다. 고칼로리가 지분을 투자한 회사라고 할 수 있겠지요. 이 지분 역시 고칼로리의 자산입니다.

고칼로리를 인적분할해 봅시다. 앞에서는 치킨사업만 분할했습니다. 이번에는 회사의 영업부문을 몽땅 떼서 신설법인에 보내봅시다. 즉 피자사업과 치킨사업을 모두 떼 회사를 새로 하나 만드는 겁니다. 남은 존속법인 고칼로리에는 투자 지분들 즉 ㈜순대, ㈜족발, ㈜막창과 같은 투자회사 지분들만 남겨놓는 거지요.

이렇게 하면 존속법인은 지분을 투자한 회사들을 거느리고 관리하는 사업을 하는 회사가 됩니다. 존속법인은 사명을 ㈜고칼로리홀딩스로 바꿉니다. 실제 치킨과 피자 사업을 하는 신설법인의 사명은 ㈜고칼로리로 합니다.

[(주)고칼로리 지주사 전환 위한 기업분할]

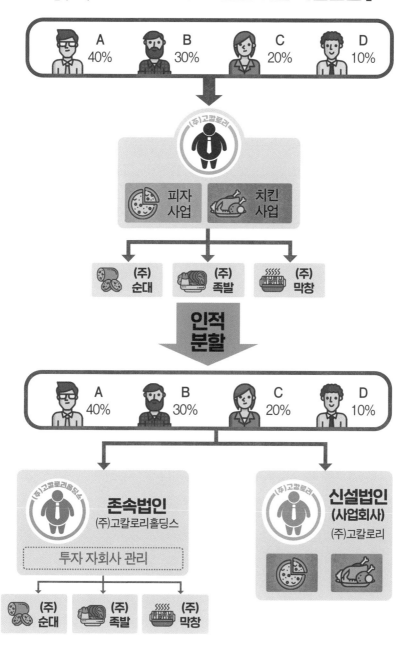

분할 직후에는 고칼로리홀딩스와 고칼로리 간에 지분 관계가 전혀 없을 수 있습니다. 분할 전 고칼로리에 자기주식이 없었다면요.

만약 분할 전 고칼로리에 자기주식이 10% 있었다면 분할 이후에 고칼로리홀딩스가 고칼로리를 10% 지배하게 되겠지요.

그리고 고칼로리홀딩스가 고칼로리 지분을 추가로 15% 더 매입한다면 지배력은 25%로 올라가게 됩니다.

이렇게 되면 이제 지배 구조는 고칼로리홀딩스가 고칼로리, 순대, 족발, 막창 등 네 개 회사를 다 거느리는 구조가 됩니다.

고칼로리홀딩스처럼 다른 여러 회사의 지분을 보유하고 사업 활동을 지배하면서 배당이나 상표권 수익, 지분법 수익 등을 얻는 활동을 주력으로 하는 회사를 일컬어 '지주회사'라고 합니다.

지주회사 체제로 전환하는 기업은 인적분할 과정에서 회사의 직접 사업과 관련한 자산 및 부채는 몽땅 신설법인으로 넘깁니다. 분할 전 고칼로리가 치킨과 피자 사업의 자산 및 부채를 이전해 신설법인을 만든 것처럼요. 분할 후 고칼로리는 여러 투자회사에 대한 지분만 가진 회사가 됩니다.

이러한 분할이 지주회사 체제 전환의 첫걸음입니다. 지주회사 체제는 다음 꼭지에서 더 구체적으로 살펴봅니다.

[(주)고칼로리 지주사 전환]

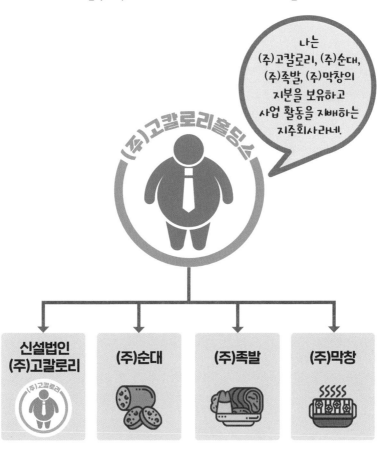

한국기업들, 이렇게 지주회사로 전환한다! 3단계 프로세스

●●● 이번에는 (주)고칼로리를 3단계에 걸쳐 지주회사로 전환할 겁니다. 먼저 오른쪽 그림을 봅시다.

(주)고칼로리의 지분율은 대주주 A가 40%, 1000명의 일반 소액주주들이 50%, 회사가 보유 중인 자기주식이 10%입니다. 회사가 가진 투자 지분으로는 (주)순대, (주)족발, (주)막창이 있습니다.

회사의 사업 부문(치킨+피자)을 모두 분할해 신설회사를 만드는 방식으로 인적분할을 합니다. 존속법인에는 세 개 회사의 투자 지분만 남겨놓습니다.

분할 후 존속법인은 고칼로리홀딩스로 사명을 바꾸고, 신설법인이 고칼로리라는 사명을 사용합니다.

인적분할을 했기 때문에 두 회사 모두 A가 40%, 일반 주주들이 50% 지배하는 회사가 됩니다. 그리고 고칼로리홀딩스는 분할 전 자기주식 효과로 고칼로리에 대해 10%의 지분율을 가지게 되었습니다.

[(주)고칼로리 지주회사 전환 1단계]

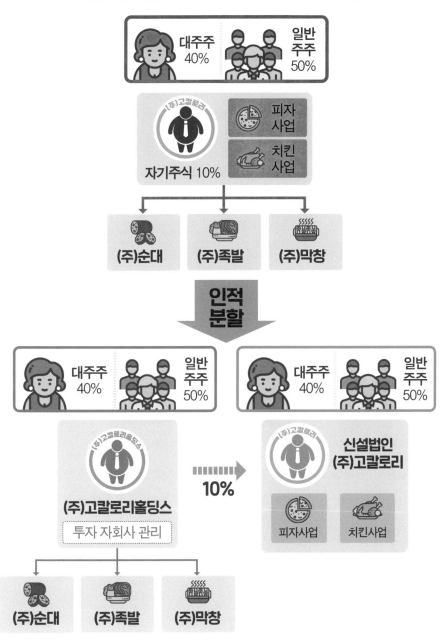

이제 두 번째 그림을 봅니다.

고칼로리홀딩스가 유상증자를 실시합니다. 고칼로리 주주들에게 이렇게 말합니다. "가지고 있는 고칼로리 주식을 주면, 고칼로리홀딩스 신주로 바꿔주겠습니다." 다시 말해, 고칼로리 주식을 출자받고, 이에 대한 대가로 고칼로리홀딩스 신주를 지급하겠다는 겁니다.

고칼로리홀딩스는 고칼로리 주식을 몇 주 출자받을지 사전에 한도를 정해놓고 장외시장에서 매입하겠다는 뜻을 밝혔습니다. 이러한 주식 취득 방법을 공개매수라고 합니다(공개매수는 290쪽 참조). 종합하면 고칼로리홀딩스는 공개매수 방식의 현물출자 유상증자를 실시하는 것입니다.

고칼로리 주주 구성은 어땠지요? 대주주 A가 40%, 1000명의 일반 주주가 50%의 주식을 가지고 있었습니다.

대개 일반 주주들은 지주회사보다는 고칼로리처럼 실제 사업이 있는 회사를 선호하기 때문에 이러한 주식교환에 잘 응하지 않습니다. 이번 사례에서는 50% 지분을 가진 일반 주주들 중 5%만 현물출자에 참여했다고 가정해 보겠습니다.

대주주 A는 지주회사를 강력하게 지배하는 것이 목적이기 때문에 가지고 있는 고칼로리 지분 40%를 모두 고칼로리홀딩스 주식으로 바꿉니다. 이렇게 되면 고칼로리에 대한 고칼로리홀딩스의 지분율은 55%까지 올라갑니다. 분할 직후 고칼로리홀딩스가 가지고 있던 지분 10%에 대주주 A가 출자한 40%, 일반 주주가 출자한 5%가 더해지기 때문입니다.

[(주)고칼로리 지주회사 전환 2단계]

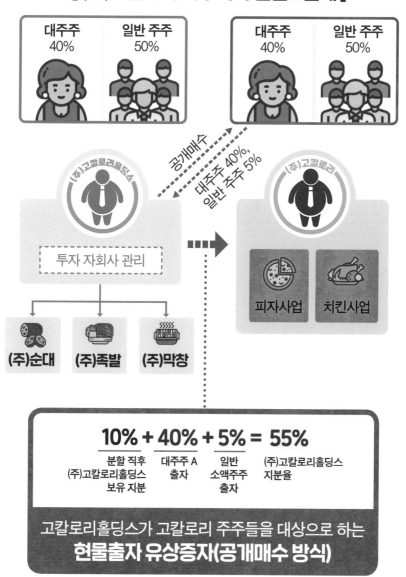

| 대주주 40% | 일반 주주 50% |

공개매수

대주주 40%, 일반 주주 5%

투자 자회사 관리

(주)순대   (주)족발   (주)막창

피자사업   치킨사업

10% + 40% + 5% = 55%

| 분할 직후 (주)고칼로리홀딩스 보유 지분 | 대주주 A 출자 | 일반 소액주주 출자 | (주)고칼로리홀딩스 지분율 |

고칼로리홀딩스가 고칼로리 주주들을 대상으로 하는
현물출자 유상증자(공개매수 방식)

현물출자 유상증자 후 고칼로리홀딩스 주주들의 지분율은 어떻게 될까요? 고칼로리홀딩스가 발행하는 신주 대부분을 대주주 A가 받아가겠지요. 그래서 고칼로리홀딩스에 대한 대주주 A의 지분율은 40%에서 65%(임의로 가정한 수치)가 되고 일반 주주 지분율은 상대적으로 떨어지게 됩니다. 그 결과 오른쪽 그림처럼 지주회사 체제의 밑그림이 완성되는 겁니다.

대주주는 A는 지주회사(고칼로리홀딩스)를 강력하게 지배(65%)하게 되고, 지주회사(고칼로리홀딩스)는 주력사인 고칼로리를 강력하게 지배(55%)하게 되었습니다. 대주주 A는 지주회사를 통해 고칼로리 뿐 아니라 여러 계열 회사(순대, 족발, 막창)들에 대한 지배력을 높이게 되는 거지요.

지주회사 요건을 충족하려면 상장 자회사에 대해서는 지분 20% 이상, 비상장 자회사에 대해서는 지분 40% 이상을 보유해야 합니다.

고칼로리홀딩스는 현물출자 유상증자로 고칼로리 지분을 55% 보유하게 되었으니, 고칼로리에 대한 지분율로는 지주회사 요건을 충족했습니다.

[(주)고칼로리 지주회사 전환 3단계(기반 완성)]

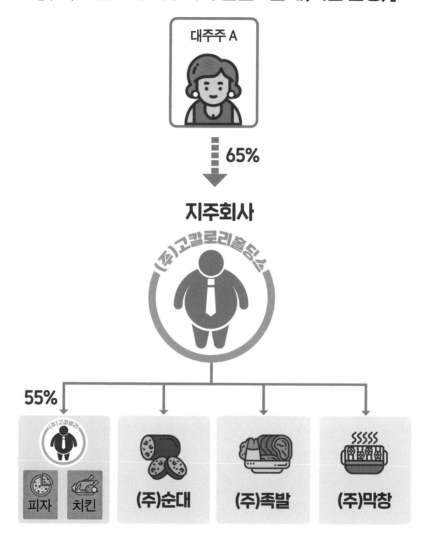

현대중공업그룹의 대우조선해양 인수 4단계 플랜

●●● 이번 장 도입부에서 현대중공업그룹의 대우조선해양 인수에 대해 잠깐 언급했습니다. 지금까지 공부한 증자와 분할에 대한 지식을 기반으로 대우조선해양 인수 건이 어떤 구조로 진행되는지 좀 더 자세히 살펴보겠습니다.

첫 번째 그림은 현대중공업을 물적분할하는 과정입니다. 조선사업 부문의 자산과 부채를 모두 떼 회사를 신설하고 사명을 '현대중공업'이라고 했습니다. 존속법인 현대중공업은 조선사업이 분할되어 나가면서 삼호중공업, 현대미포조선 등의 투자 지분을 가지고 이들 자회사를 지배·관리하는 회사가 되었습니다. 사명은 '한국조선해양'으로 바꿉니다.

그런데 물적분할 방식으로 진행되었기 때문에 신설회사 현대중공업이 발행하는 주식을 모두 한국조선해양이 가집니다. 이렇게 되면 한국조선해양은 삼호중공업, 현대미포조선, 현대중공업을 자회사로 거느리는 회사가 됩니다. 한국조선해양은 현대중공업그룹의 전체 지주회사인 (주)현대중공업지주 아래에서 조선사업 지주회사(중간지주회사) 역할을 하게 되었습니다.

두 번째 그림은 이제 산업은행으로부터 대우조선해양을 인수하는 절차입니다. 한국조선해양이 산업은행이 보유한 대우조선해양 지분 56%를 현물출자 받습니다. 그리고 산업은행에 그 대가로 한국조선해양의 신주를 발행합니다. 말하자면 한국조선해양이 산업은행을 대상으로 현물출자 방식의 유상증자를 하는 겁니다.

현대중공업그룹의 대우조선해양 인수 1단계 : 현대중공업 물적분할

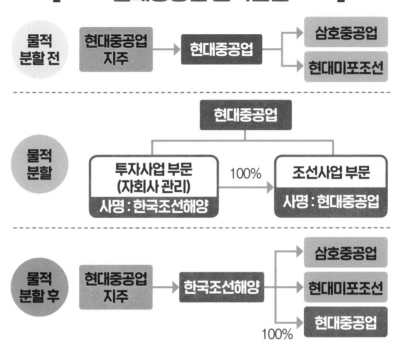

물적 분할 전
현대중공업 지주 → 현대중공업 → 삼호중공업 / 현대미포조선

물적 분할
현대중공업 → 투자사업 부문 (자회사 관리) 사명 : 한국조선해양 → 100% → 조선사업 부문 사명 : 현대중공업

물적 분할 후
현대중공업 지주 → 한국조선해양 → 삼호중공업 / 현대미포조선 / 현대중공업 100%

현대중공업그룹의 대우조선해양 인수 2단계 : 한국조선해양 현물출자 유상증자

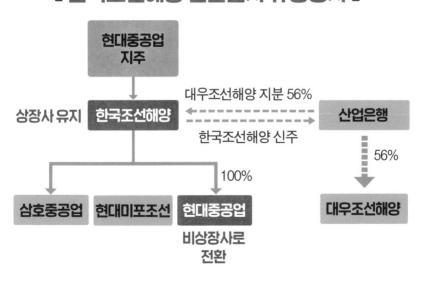

상장사 유지
현대중공업 지주 → 한국조선해양
대우조선해양 지분 56%
산업은행
한국조선해양 신주
56%
삼호중공업 / 현대미포조선 / 현대중공업 100%
비상장사로 전환
대우조선해양

세 번째 그림을 볼까요. 이렇게 해 산업은행은 한국조선해양의 2대 주주가 됩니다. 한국조선해양은 그 아래에 새 자회사로 대우조선해양을 편입했습니다. 현대중공업그룹은 이렇게 분할과 조선사업 중간지주회사 설립, 현물출자 유상증자를 활용한 주식교환을 통해 현금을 소진하지 않고 대우조선해양을 인수합니다. 산업은행과 협의해 현대중공업으로서는 최선의 인수 구조를 짠 것으로 보입니다.

네 번째 그림은 이제 대우조선해양의 자본을 확충해 사업경쟁력을 키워주는 단계입니다.

한국조선해양이 현대중공업지주 등 주주를 대상으로 주주 배정 유상증자(①)를 합니다. 한국조선해양으로 신주 발행 대금이 들어오겠지요.

다음으로 대우조선해양이 한국조선해양만을 대상으로 제3자 배정 유상증자를 합니다(②). 한국조선해양은 앞서 확보한 유상증자 대금(①)으로 대우조선해양 유상증자에 참여합니다.

이런 과정을 거치고 나면 대우조선해양에 대한 한국조선해양의 지분율은 56%에서 68%까지 높아질 전망입니다.

2020년 5월 현재 현대중공업그룹은 세계 주요 국가 정부에 현대중공업그룹의 대우조선해양 인수에 대한 기업결합심사를 신청해 심사를 받고 있습니다. 일종의 독과점에 대한 심사절차입니다. 여기서 승인을 받아야만 대우조선해양 인수가 가능해집니다.

현대중공업그룹의 대우조선해양 인수 3단계 :
대우조선해양 인수 완료(한국조선해양의 자회사가 됨)

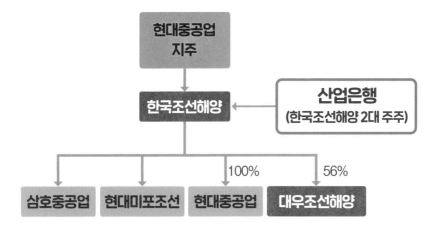

현대중공업그룹의 대우조선해양 인수 4단계 :
대우조선해양 자본 확충

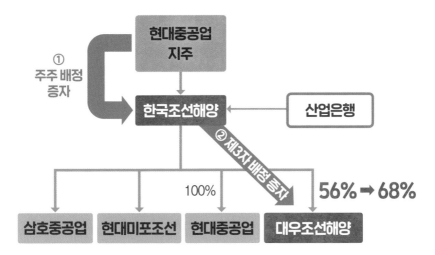

KCC 기업분할은 형제간 계열 분리 기반 다지기?

●●● 지금부터는 몇 개 기업의 실제 기업분할 사례를 탐구해 볼 것입니다. 2019년 7월과 9월에 (주)KCC가 기업분할과 관련한 공시 두 개를 냈습니다. 공시는 회사 사업 가운데 유리, 홈인테리어, 바닥재 사업을 분할해 (주)KCC 글라스를 만든다는 내용입니다.

분할되는 KCC의 주주가 지분율에 비례해 신설회사 주식을 배정받으니까 '인적분할'이라는 이야기네요.

분할비율은 존속회사 0.85대 신설회사 0.15입니다. 분할 목적은 '사업 전문성 제고를 통한 경영 효율성 강화'라고 기재되어 있습니다.

기존 KCC가 가지고 있던 계열회사 주식 가운데 코리아오토글라스(주) 지분만 신설회사인 KCC글라스로 보내고, 나머지 계열회사 지분은 KCC가 그대로 갖게 됩니다.

상장사가 인적분할을 하면 존속회사와 신설회사 모두 재상장합니다. 물적분할을 하면 어떻게 될까요? 존속회사는 상장을 유지하지만, 신설회사는 상장을 못 합니다. 100% 자회사가 되어 '주주 분산 요건' 등을 충족시키지 못하기 때문입니다.

[(주)KCC 기업분할 관련 공시]

공시 대상 회사	보고서명	제출인	제출일
케이씨씨	주요 사항 보고서 (회사분할 결정)	케이씨씨	2019년 7월 11일
케이씨씨	증권신고서(분할)	케이씨씨	2019년 9월 20일

[(주)KCC 분할 공시 내용 요약]

분할 방법	분할되는 회사의 주주가 지분율에 비례해 신설회사의 주식을 배정받는 인적분할 방식
분할 내용	• 분할되는 회사(주식회사 케이씨씨) : 분할 대상 부문을 제외한 나머지 사업 부문 • 신설회사(주식회사 케이씨씨글라스) : 유리, 홈인테리어, 바닥재 사업 부문
분할 기일	2020년 1월 1일
분할 목적	사업의 전문성을 제고하고 경영 효율성 강화
분할비율	• 분할되는 회사 : 0.85 • 신설회사 : 0.15
분할로 이전할 사업과 재산	분할되는 회사가 소유하던 계열회사 주식 중 코리아오토글라스(주) 발행 주식은 신설회사에, 이를 제외한 모든 주식은 분할되는 회사에 각각 귀속

KCC의 분할 이후 그림을 보면 기존 주주들이 분할 이후 두 개사를 똑같은 지분율로 지배하고 있습니다.

업계에서는 KCC와 KCC글라스가 앞으로 계열 분리를 할 것으로 점치고 있습니다. 정몽진 KCC 회장은 정상영 명예회장의 첫째 아들입니다. 둘째 아들인 정몽익 KCC 부회장이 나중에 KCC글라스 경영을 직접 맡게 되면 계열 분리에 속도가 붙을 것으로 봅니다.

127쪽 표는 분할 공시의 주요 내용입니다. 오른쪽 첫 번째 그림은 분할 이후 구조도입니다. 두 번째 그림은 예상되는 계열 분리 과정입니다.

업계에서는 정몽익 부회장이 가진 KCC 지분과 정몽진 회장 등 일가들이 가진 KCC글라스 지분을 맞바꿀 것으로 내다보고 있습니다.

정몽익 부회장 보유 KCC 지분(8.8%)은 2020년 2월 주가 기준으로 1760억 원 정도 됩니다. 정몽진 회장 등 일가가 보유한 KCC글라스 지분(31%)은 920억 원 정도 됩니다. 그러니까 정 부회장은 KCC 지분 일부만 활용해도 정 회장 일가가 보유한 KCC글라스 지분을 다 확보할 수 있습니다. 그리고 남은 KCC 지분으로는 KCC가 보유하고 있는 KCC글라스 지분(6.85%)을 사서 두 회사 간 연결고리를 끊으면 됩니다.

분할 이후 KCC는 어떻게 KCC글라스 지분 6.85%를 보유하게 되었을까요? 간단합니다. 분할 전에 KCC가 자기주식을 6.85% 보유하고 있었기 때문입니다.

[(주)KCC 기업분할 이후 구조]

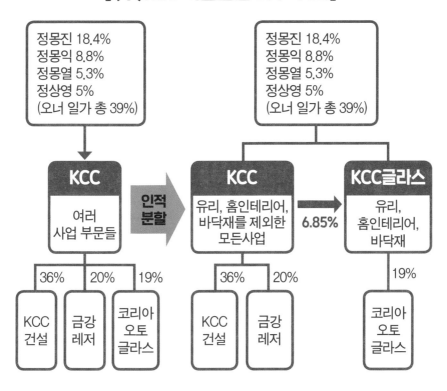

정몽진 18.4%
정몽익 8.8%
정몽열 5.3%
정상영 5%
(오너 일가 총 39%)

KCC
여러
사업 부문들

인적
분할

36% / 20% / 19%

KCC
건설

금강
레저

코리아
오토
글라스

정몽진 18.4%
정몽익 8.8%
정몽열 5.3%
정상영 5%
(오너 일가 총 39%)

KCC
유리, 홈인테리어,
바닥재를 제외한
모든사업

6.85%

KCC글라스
유리,
홈인테리어,
바닥재

36% / 20%

KCC
건설

금강
레저

19%

코리아
오토
글라스

[(주)KCC 형제간 계열 분리에 대한 업계 전망]

6.85%*

KCC
정몽진 18.4%
정몽열 5.3%
정상영 5%
정몽익 8.8%

지분
맞교환

KCC글라스
정몽익 8.8%
정몽진 18.4%
정몽열 5.3%
정상영 5%

＊KCC가 보유한 KCC글라스 지분 6.85%는 정몽익 부회장이 정몽진 회장 등
  일가와 지분을 맞교환하고 남은 KCC 잔여 지분을 활용해 인수

SKC가 화학사업 물적분할로 노린 두 마리 토끼

●●● 2019년 8월 SKC(주)는 화학사업을 분할해 SKCPIC라는 신설회사를 만든다고 공시했습니다. 존속회사 SKC가 SKCPIC 발행 주식의 100%를 배정받으니까 물적분할입니다.

한가지 눈길을 끄는 부분은 분할 이후 SKCPIC 지분 100% 중 49%를 쿠웨이트 국영석유공사의 자회사인 PIC(Petrochemical Industries Company)에 매각한다는 것입니다(매각 대금 5350억 원). 말하자면 SKCPIC가 SKC와 PIC의 51대 49 합작사가 되는 셈이지요.

SKC는 합작사를 설립하는 이유에 대해 화학사업 경쟁력 강화와 시너지를 위한 전략적 파트너십이라고 설명했습니다. 물론 이런 목적도 있었겠지만, 사실은 SKC가 대규모 자금이 필요한 상황도 있었습니다.

SKC가 글로벌사모펀드인 KKR로부터 세계 1위 자동차전지용 동박 제조 업체인 (주)케이씨에프티테크놀로지(KCFT, 현 에스케이넥실리스) 지분 100%를 1조 2000억 원에 사기로 계약했기 때문입니다. 금융회사로부터 상당한 인수 자금을 빌려도 5000억 원 정도는 자체 자금을 동원해야 했습니다.

일반적으로 회사를 물적분할하는 이유는 신설회사의 경쟁력 강화, 존속회사의 자금 필요, 사업 구조 조정, 정부의 규제 회피(일감 몰아주기 규제) 등 다양합니다. 역량 있는 회사나 사모펀드 등에 신설회사 지분 일부를 매각해 사업 경쟁력 강화를 도모할 수도 있고요. 아예 지분 100%를 전량 매각해 사업을 정리할 수도 있습니다. 그리고 SKC처럼 회사 자금 조달과 사업 경쟁력 강화라는 두 마리 토끼를 잡으려 할 수도 있습니다.

[SKC 화학사업 부문 물적분할 공시]

2019년 8월

분할 방법	분할되는 회사가 영위하는 사업 중 '화학사업 부문'을 분할해 신설회사를 설립하고, 분할되는 회사가 존속하면서 신설회사 발행주식의 100%를 배정받는 물적분할 방식
분할 내용	• 분할되는 회사 : 에스케이씨(주), 분할 대상 부문을 제외한 모든 사업 부문 • 신설회사 : 에스케이씨피아이씨(주) 화학사업 부문
분할 기일	2020년 1월 1일
분할 목적	• 사업의 전문성 제고와 경쟁력 강화. 경영 위험의 분산 추구 • 분할 완료 후 분할신설회사의 지분 49%를 Petrochemica Industries Company에 양도할 예정
분할비율	분할되는 회사가 분할신설회사 발행 주식의 100%를 배정받는 단순·물적분할 방식이므로 분할비율을 산정하지 않음

[SKC 화학사업 부문 물적분할]

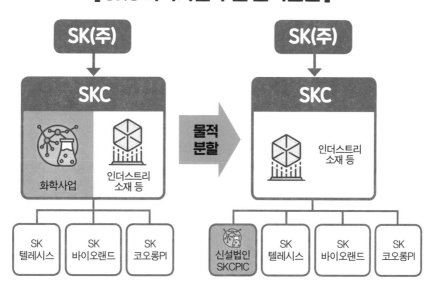

LG유플러스가 전자결제사업을 토스에 영업양수도 말고 물적분할로 매각한 까닭

●●● LG유플러스가 전자결제사업 부문을 (주)비바리퍼블리카(토스)에 매각할 때도 물적분할 방법을 사용했습니다.

물적분할하지 않고 전자결제사업이라는 영업 자체를 '영업양수도' 방식으로 사고팔 수도 있습니다.

영업양수도라고 하면 전자결제사업의 가치를 평가해 거래가격을 정하고, 이 사업에 속하는 자산과 부채, 기타 일체의 권리와 의무, 고용인력 등을 포괄적으로 넘겨주는 방식입니다.

그러나 LG유플러스는 사업을 물적분할해 (주)토스페이먼츠를 만들었습니다. 그리고 (주)토스페이먼츠 회사 지분 100%를 비바리퍼블리카에 매각했습니다. 이 같은 거래를 한 이유는 비바리퍼블리카의 요구에 따른 것으로 알려졌습니다. 비바리퍼블리카가 전자결제사업을 당분간은 자회사 형태로 두고 싶다는 의견을 LG유플러스 측에 전달했고, 그래서 영업양수도가 아닌 물적분할을 통한 신설회사 지분 거래 방식을 택한 것으로 알려졌습니다.

LG유플러스가 전자결제사업을 매각하며 선택할 수 있는 방법

[영업양수도 방식]

[물적분할 후 지분 매각 방식]

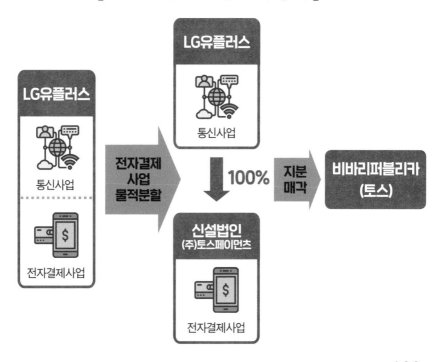

지주회사로 가는
솔브레인,
남은 건 공개매수 현물출자

●●● 2020년 1월 반도체 소재기업 (주)솔브레인이 기업분할 공시를 했습니다(첫 번째 그림). 회사는 공시에서 지주회사 체제로 전환하겠다는 의사를 밝혔습니다. 그러니까 이 분할이 지주회사 전환을 위한 첫 단계라는 거지요.

두 번째 그림은 분할 전 솔브레인의 지배 구조입니다. 세 번째 그림(137쪽)은 지주회사로 전환하기 위해 인적분할을 단행한 이후 현물출자 유상증자를 진행하는 단계입니다.

솔브레이인은 인적분할을 할 때 회사의 반도체 및 디스플레이 소재 등 모든 사업을 신설회사로 넘깁니다. 신설회사 사명은 솔브레인으로 합니다.

지주회사가 될 존속회사는 솔브레인저축은행(비상장사, 지분 48%), 나우아이비캐피탈(상장사, 지분 33%), 제닉(상장사, 지분 25%)을 보유합니다. 존속회사는 이름을 솔브레인홀딩스로 바꿉니다.

그다음으로 존속회사인 솔브레인홀딩스가 현물출자 유상증자를 할 겁니다. 2020년 5월 현재 이 단계로까지 나아가지는 않았습니다만, 회사는 공시에서 앞으로 이런 절차를 밟겠다고 밝혔습니다.

[(주)솔브레인 기업분할 공시]

2020년 1월

분할 방법	**인적분할** • 제조사업 부문을 분할해 분할신설회사를 설립하고, 분할되는 회사는 존속해 투자사업 부문을 영위
분할 기일	2020년 7월 1일
분할 목적	자회사 관리 및 신규 투자를 목적으로 하는 투자사업 부문과 반도체, 디스플레이 및 2차전지 소재 제조를 담당하는 제조사업 부문으로 분리하고, 향후 투자사업 부문을 지주회사로 전환함으로써 사업 전문성을 제고하고 경영 효율성을 극대화
공개매수에 관한 내용	• 분할 이후에 솔브레인홀딩스는 솔브레인 지분에 대해 공개매수 방식의 현물출자 유상증자를 진행할 예정 • 솔브레인의 보통주식을 소유하고 있는 모든 주주 중에서 공개매수에 응모한 주주로부터 해당 주식을 현물출자 받고 현물출자 주식에 대가로 솔브레인홀딩스(주)의 보통주식 신주를 발행해 부여하는 방식

[기업분할 전 (주)솔브레인 지배 구조]

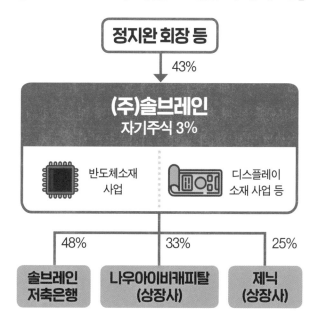

기업분할이 종료된 뒤 대주주인 정지완 회장 등은 솔브레인 지분 43%를 모두 현물출자하고 솔브레인홀딩스 신주로 바꿀 겁니다. 일반 주주 지분 54% 가운데 10% 정도가 현물출자에 참여한다고 가정해 보겠습니다.

분할 직후 솔브레인홀딩스는 솔브레인 지분을 3% 보유합니다. 분할 전 자기주식이 3% 있었기 때문이지요. 현물출자 유상증자 뒤 솔브레인홀딩스가 보유한 솔브레인 지분율은 56%로 껑충 뜁니다. 자기주식 3%에다 정 회장 등으로부터 받은 43%, 일반 주주로부터 받은 10%를 더한 수치입니다.

네 번째 그림을 봅시다. 솔브레인홀딩스가 새로 발행하는 신주는 출자를 가장 많이 한 정 회장에게 압도적으로 많이 배정되고, 일반 주주들에게도 일부 배정될 것입니다. 그래서 솔브레인홀딩스에 대한 정 회장 등의 지분율은 65%(임의로 가정한 수치)까지 올라갈 수 있습니다.

솔브레인홀딩스는 비상장사인 솔브레인저축은행 지분을 40% 이상 보유하고 있고, 나머지 상장 3사 지분도 20% 이상 보유하게 되었으니 지주회사 요건 중 가장 중요한 '지분율 요건'을 충족했습니다.

자기주식과 현물출자를 활용해 정 회장은 지주회사에 대한 지배력을 높이고, 지주회사는 주력 사업 자회사에 대한 지배력을 높이게 됩니다. 결국 대주주는 적은 비용으로 강력한 지배 구조를 갖추게 될 것입니다.

일각에서는 인적분할을 할 때 자기주식이 신설회사에 대한 지배력으로 작용하는 것은 부당하다고 지적합니다. 그래서 자기주식을 활용한 지주회사 전환에 규제를 가해야 한다고 주장하고 있습니다.

한편, 일반 지주회사는 금융회사를 자회사로 둘 수 없으므로 솔브레인은 앞으로 솔브레인저축은행과 나우아이비캐피탈을 매각할 것으로 예상됩니다.

[(주)솔브레인 인적분할 후 현물출자 유상증자]

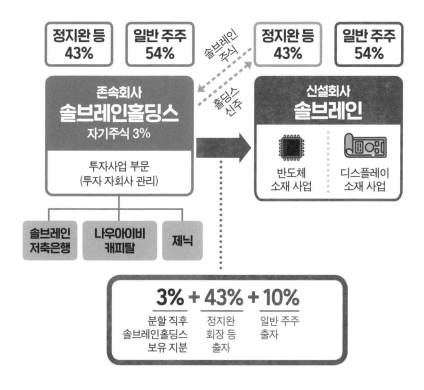

| 정지완 등 43% | 일반 주주 54% | | 정지완 등 43% | 일반 주주 54% |

솔브레인 주식

홀딩스 신주

존속회사 솔브레인홀딩스 자기주식 3%

투자사업 부문 (투자 자회사 관리)

신설회사 솔브레인

반도체 소재 사업 / 디스플레이 소재 사업

솔브레인 저축은행 | 나우아이비 캐피탈 | 제닉

3% + 43% + 10%
분할 직후 솔브레인홀딩스 보유 지분 | 정지완 회장 등 출자 | 일반 주주 출자

[솔브레인홀딩스 지주회사 체제 기반 마련]

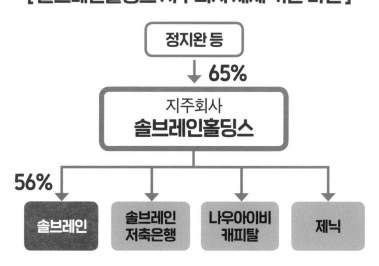

정지완 등

↓ 65%

지주회사 솔브레인홀딩스

56%

솔브레인 | 솔브레인 저축은행 | 나우아이비 캐피탈 | 제닉

함께하면
시너지가 두 배,
기업합병
파헤치기

자산·부채 넘겨받고 신주로 보상해주는 흡수합병

●●● 합병은 두 개 이상의 회사를 하나로 합치는 것입니다. 회사를 어떻게 합치며, 합병하면 주주들은 어떻게 될까요? 합병의 원리와 다양한 형태, 합병이 주주들에 미치는 영향을 먼저 살펴보고 실제 사례로 들어가 보겠습니다. 합병은 크게 흡수합병, 신설합병, 분할합병, 역(逆)합병, 스팩(SPAC)합병 이렇게 다섯 가지로 나누어 볼 수 있습니다.

먼저 가장 일반적인 합병의 형태, 흡수합병을 살펴볼까요. ㈜고칼로리가 ㈜족발을 흡수합병한다고 해 보지요. 족발은 회사의 자산과 부채를 모두 고칼로리에게 이전하고 소멸합니다. 그래서 고칼로리를 합병존속회사, 족발을 합병소멸회사라고 합니다.

합병소멸회사 족발 주주들이 가진 주식은 소각됩니다. 그래서 주식 소각(회사 소멸)에 대한 대가를 받아야 합니다. 누구한테 받을까요? 네. 고칼로리에게 받아야지요. 합병대가(소멸대가)는 현금일 수도 있고, 현금으로 바꿀 수 있는 것(부동산이나 채권 등)일 수도 있습니다. 고칼로리가 발행하는 신주일 수도 있습니다. 일반적으로는 합병존속회사 신주를 합병대가로 지불합니다.

고칼로리가 자기주식을 가지고 있으면 자기주식을 지급하는 경우도 있습니다. 대개는 자기주식만으로는 부족하기 때문에 신주를 추가로 많이 발행합니다. 이렇게 되면 족발은 소멸하고, 족발의 주주들은 고칼로리 주주가 되겠지요. 고칼로리는 족발의 자산과 부채를 넘겨받는 대신 발행주식과 주주 수가 증가합니다.

흡수합병(가장 일반적인 합병 형태)

[합병 전]

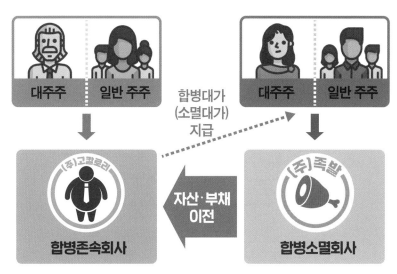

합병대가
(소멸대가)
지급

자산·부채
이전

[합병 후]

떼어내자마자
바로 넘겨주는
분할합병

●●● 합병의 두 번째 형태는 신설합병입니다. ㈜고칼로리와 ㈜족발이 모두 소멸하면서 자산과 부채를 새 회사로 이전하는 방식입니다. ㈜국민간식이라는 회사를 하나 새로 만듭니다. 그리고 이 회사가 고칼로리와 족발로부터 자산과 부채를 넘겨받고, 신주를 발행해 두 회사 주주들에게 배정합니다. 이때 국민간식을 '합병신설회사'라고 부릅니다. 고칼로리와 족발의 주주들이 국민간식의 주주가 되는 겁니다. 사실 이런 신설합병은 좀 드문 편입니다.

합병의 세 번째 형태는 분할합병입니다. 예를 들어 봅시다. 고칼로리는 피자와 치킨 사업을 하는 회사입니다. 고칼로리는 인적분할방식으로 치킨사업을 따로 떼어냅니다. 그리고 분할한 치킨사업을 곧바로 ㈜족발에다 합병시킵니다. 족발은 치킨사업을 분할해 넘겨준 고칼로리 주주들에게 신주를 발행해 보상해야 합니다.

2013년에 열연과 냉연 사업을 하는 철강기업 현대하이스코는 냉연사업을 인적분할했습니다. 현대제철이 냉연사업을 곧바로 흡수합병했지요. 그리고 현대하이스코 주주들에게는 합병대가로 현대제철 신주를 발행해 줬습니다. 이런 방법이 분할합병입니다.

냉연사업을 현대제철에 넘기고 열연사업만 하던 현대하이스코는 몇 년 뒤 현대제철에 흡수합병됐습니다. 현대하이스코라는 회사는 완전소멸했습니다.

[신설합병]

[분할합병]

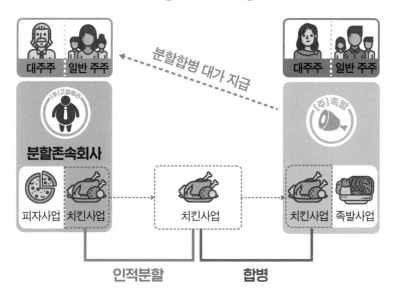

아이에스동서의 요업사업을 다른 회사로 이전하는 세 가지 방법

●●● 말이 나온 김에 회사 내 한 사업 부문(영업)을 다른 회사로 이전하는 다양한 방법에 대해 알아봅시다.

㈜아이에스동서라는 건설회사가 2020년 5월 요업사업 부문(브랜드명 이누스)을 2170억 원에 사모펀드에 매각하기로 했습니다.

아이에스동서는 요업사업을 물적분할해 새 회사(사명을 ㈜이누스로 가정)를 설립합니다. 아이에스동서가 ㈜이누스 지분 100%를 갖게 되겠지요. 그리고 이 지분을 사모펀드에 매각합니다.

사모펀드는 실제 영업을 하는 회사가 아닙니다. 다른 회사의 지분을 소유해 경영권을 확보한 뒤, 기업 가치를 끌어올려 몇 년 후에 지분 재매각 차익을 얻는 것을 주업으로 합니다.

만약 아이에스동서가 사모펀드가 아니라 요업 관련 사업을 하고 있거나 요업에 새로 진출하려는 A 회사에게 요업사업 부문을 매각한다면 어떤 방법을 활용할 수 있을까요?

[(주)아이에스동서 회사 분할 결정 공시]

2020년 3월 12일

분할 방법	아이에스동서가 영위하는 사업 중 이누스 사업 부문(해당 사업과 관련한 해외 계열회사 지분 및 상표권 등을 포함)을 분할해 단순분할 신설회사를 설립.
분할 기일	2020년 5월 4일
분할 목적	아이에스동서는 요업사업 부문을 분할해 독립적으로 운영하는 단순분할신설회사를 설립함으로써, 요업사업 부문의 수익성을 제고하고 아이에스동서 각 사업 부문의 업종 전문화 및 핵심 역량 강화
분할비율	아이에스동서가 단순분할신설회사 발행주식 100%를 취득하는 단순·물적분할 방식이므로 분할비율을 산정하지 않음.

[물적분할 후 지분양수도]

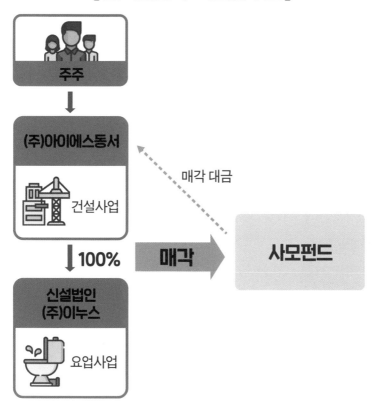

우선 영업양수도 방식이 있습니다. 요업사업에 속하는 자산과 부채를 포함해 거래처 등과 맺은 일체의 권리 및 의무, 고용까지 포괄적으로 주고받는 것입니다. A 회사는 이누스라는 브랜드의 요업사업을 내부의 한 사업부로 둘 수 있겠지요.

다음으로 생각해 볼 수 있는 것이 분할합병입니다. 요업사업을 인적분할한 뒤, 곧바로 A사에 합병시키는 거지요. 앞서 아이에스동서가 사모펀드에 요업사업 부문을 매각한 방법처럼 물적분할을 한 후 지분을 주고받거나 영업을 양수도할 때는 주로 현금거래를 합니다. 현금을 받는 주체는 회사(아이에스동서)입니다. 분할합병은 대개 인수하는 회사(A 회사)가 인적분할하는 회사(아이에스동서) 주주들에게 신주를 발행해 지급합니다.

물적분할, 인적분할 후 합병, 영업양수도 중에서 어떤 방법으로 사업 부문을 이전할지는 회사가 재무적, 전략적 목적에 따라 적합한 방식을 선택할 수 있습니다.

| 회사 내 사업 부문을 다른 회사로 이전하는 방법 |

물적분할

영업양수도

인적분할 후 합병(분할합병)

[요업사업을 영업양수도 방식으로 이전한다면…]

[요업사업을 분할합병 방식으로 이전한다면…]

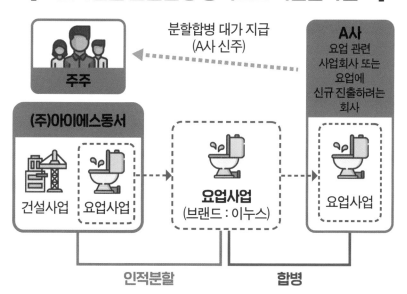

소멸회사 대주주가 합병회사 대주주가 되는 역합병

● ● ● 이번엔 역(逆)합병에 대해 알아볼까요. (주)삼겹살이 (주)닭갈비를 흡수합병했는데, 합병이 완료 뒤 소멸회사 닭갈비의 대주주가 합병회사 대주주가 되는 경우가 있습니다.

삼겹살은 대주주 A가 40%, 일반 주주들이 60% 지분을 보유하고 있습니다. 닭갈비는 대주주 B가 70%, 일반 주주들이 30% 지분을 보유하고 있습니다.

합병할 때 삼겹살은 닭갈비의 대주주 B와 일반 소액주주들에게 신주를 발행해 줘야 합니다. 닭갈비 주식은 소각되고 삼겹살 주식으로 보상받을 것입니다. 그런데 닭갈비의 주식가치가 삼겹살보다 훨씬 큽니다. 게다가 B가 가진 닭갈비 주식수가 많아서 B에게 발행해 줘야 할 삼겹살 신주 물량이 아주 많습니다.

예를 들어 A가 보유한 삼겹살 주식이 1000주인데, B에게 발행해 줘야 할 삼겹살 신주가 2500주가 될 수 있는 거지요. 합병 신주 배정이 끝나고 나면 합병회사의 주주 구성이 이렇게 바뀔 수 있습니다. A 20%, B 45%, 일반 주주 35%로요. 소멸회사 대주주가 합병회사의 대주주가 된 겁니다. 이게 바로 역합병입니다.

법적으로는 삼겹살이 닭갈비를 흡수하는 형태지만, 회계적 실질은 닭갈비가 삼겹살을 흡수한 것입니다. 이런 경우 합병회사의 사명도 (주)삼겹살이 아니라 (주)닭갈비로 정하는 사례들이 많습니다. 비상장사가 상장사와 합병해 우회상장을 할 때 역합병 방식을 활용하는 경우가 많습니다. 역합병은 뒤에서 좀 더 자세히 설명하겠습니다.

(주)닭갈비가 (주)삼겹살을 역합병하는 과정

[합병 전]

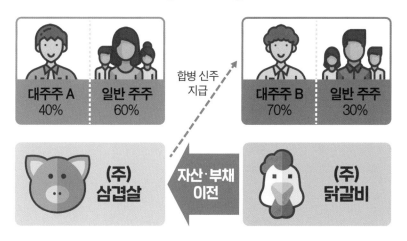

합병 신주 지급

대주주 A 40% | 일반 주주 60%

대주주 B 70% | 일반 주주 30%

(주)삼겹살 ← 자산·부채 이전 ← (주)닭갈비

[합병 후]

대주주 B 45% | 주주 A 20% | 일반 주주 | 일반 주주

합병회사 사명 (주)닭갈비

*법적으로는 삼겹살이 닭갈비를 흡수, 회계적 실질은 닭갈비가 삼겹살을 흡수

합병비율,
주당 가치로 결정한다

●●● 스팩(SPAC) 합병은 뒤에서 실제 사례를 가지고 자세히 설명하기로 하고, 지금부터는 합병 방식에 대해 좀 더 구체적으로 살펴보겠습니다.

(주)고칼로리는 발행주식이 10주, 주당 가치는 10만 원입니다. 그래서 고칼로리의 시가총액은 100만 원입니다. 주당 가치는 상장사라면 주가가 되겠지요. 비상장사라면 별도로 가치를 평가해 산출한 주당 가격이 주당 가치입니다.

(주)족발의 발행주식도 10주입니다. 그런데 주당 가치는 고칼로리의 절반인 5만 원입니다. 그래서 시가총액은 50만 원입니다.

고칼로리가 족발을 흡수합병합니다. 이때 합병비율은 '1대 0.5'라고 말합니다. 존속회사 주당 가치를 1로 볼 때 소멸회사는 0.5라는 이야기입니다. 이 '0.5'라는 숫자가 바로 소각되는 족발 1주에 대해 지급되는 고칼로리 주식수입니다. 족발 주식 2주를 가진 주주는 고칼로리 주식 1주를 보상받습니다.

족발의 시가총액이 50만 원이기 때문에 고칼로리는 50만 원어치의 신주를 발행해 족발 주주들에게 배정하면 됩니다. 주식수로 따지면 5주입니다. 족발의 발행주식수가 10주라고 해 고칼로리 10주를 지급하지 않습니다. 합병비율(주당 가치)이 1대 0.5 즉 소멸되는 족발 1주당 고칼로리 주식 0.5주를 주면 됩니다.

(주)삼겹살이 (주)닭갈비를 흡수합병합니다. 삼겹살의 발행주식은 100주, 주당 가치는 5000원, 닭갈비의 발행주식은 20주, 주당 가치는 2만 원입니다. 그럼 합병비율이 1대 4입니다. '4'라는 숫자에 주목하세요. 소각되는 닭갈비 1주에 대해 지급되는 삼겹살 주식수입니다.

[합병비율과 합병대가(소멸대가)]

주주

합병 신주
지급

주주

존속회사
(주)고칼로리
- 발행주식 10주
- 주당 가치 10만 원
- 시가총액 100만 원

합병

소멸회사 족발
(주)족발
- 발행주식 10주
- 주당 가치 5만 원
- 시가총액 50만 원

합병비율(주당 가치)
1대 0.5

고칼로리는 족발 주주에게
족발의 시가총액(50만 원)만큼 신주 발행

합병비율 **0.5** =소멸되는 족발 주식 1주당 고칼로리 0.5주 발행
족발 총발행주식수 10주×0.5=고칼로리가 5주 지급(50만 원)

주주

합병 신주
지급

주주

존속회사
(주)삼겹살
- 발행주식 100주
- 주당 가치 5000원
- 시가총액 50만 원

합병

소멸회사
(주)닭갈비
- 발행주식 20주
- 주당 가치 2만 원
- 시가총액 40만 원

합병비율(주당 가치)
1대 4

삼겹살은 닭갈비 주주에게
닭갈비의 시가총액(40만 원)만큼 신주 발행

합병비율 **4** =닭갈비 주식 1주당 삼겹살 4주 발행
닭갈비 총발행주식수 20주×4=삼겹살이 80주 지급(40만 원)

시가총액, 자산, 매출이 크면 합병비율 산정에서 유리할까?

●●● 시가총액이 크면 합병비율을 산정할 때 유리할까요? 아니면 자산 규모나 매출액이 크면 합병비율 산정에서 유리할까요? 전혀 그렇지 않습니다. 합병비율 산정은 주당 가치를 따지는 것이니까요.

예를 들어 봅시다. (주)남산은 시가총액이 100만 원입니다. 발행주식수는 100주입니다. 주당 가치는 1만 원이지요. (주)북한산은 시가총액이 300만 원, 발행주식수는 600주입니다. 주당 가치는 5000원입니다.

남산이 북한산을 합병하면 합병비율(주당 가치 비율)은 1대 0.5입니다. '0.5'에 주목해 봅시다. 소멸되는 북한산 1주당 남산 주식 0.5주를 준다는 이야기입니다. 당연하지요. 남산 주식의 주당 가치가 두 배니까요.

누군가 이렇게 주장합니다. "북한산의 시가총액이 남산의 세 배나 되는데, 어찌 합병비율은 남산이 1이고 북한산이 0.5인가요?" 말도 안 되는 주장이지요. 북한산의 자산 규모가 남산의 세 배라고 해 봅시다. 그럼 남산과 북한산의 합병비율이 1대 3이 되나요? 북한산의 매출이 남산의 세 배라면 합병비율이 1대 3이 돼야 하나요?

그렇지 않습니다. 합병비율은 주당 가치 비율입니다. 합병을 하면 소멸회사의 주식이 소각됩니다. 그래서 존속회사 주식으로 보상합니다. 주당 합병 가치에 따라 신주를 발행해 주는 것이지요. 회사 전체의 시가총액이 아무리 커도 발행주식수가 많으면 주당 가치가 낮습니다. 반대로 시가총액이 작아도 발행주식수가 적으면 주당 가치는 높습니다. 시가총액, 자산, 매출 어느 것도 합병비율과 직접 상관이 없습니다.

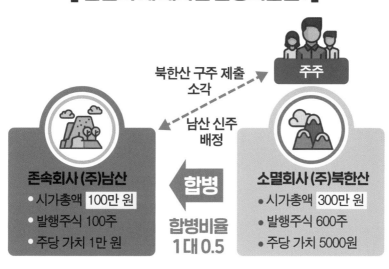

북한산의 시가총액이 남산의 세 배라면 합병비율은?

주주

북한산 구주 제출 소각

남산 신주 배정

존속회사 (주)남산
합병
소멸회사 (주)북한산

- 시가총액 100만 원
- 발행주식 100주
- 주당 가치 1만 원

합병비율
1대 0.5

- 시가총액 300만 원
- 발행주식 600주
- 주당 가치 5000원

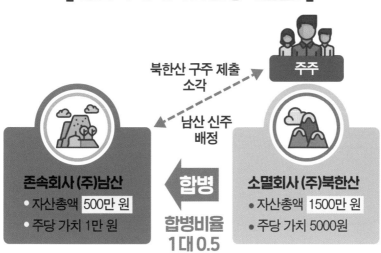

북한산의 자산총액이 남산의 세 배라면 합병비율은?

주주

북한산 구주 제출 소각

남산 신주 배정

존속회사 (주)남산
합병
소멸회사 (주)북한산

- 자산총액 500만 원
- 주당 가치 1만 원

합병비율
1대 0.5

- 자산총액 1500만 원
- 주당 가치 5000원

분할합병하면
누가 얼마나 보상받나?
분할합병비율 구하기

●●● 분할합병 때 주주의 주식에는 어떤 변화가 일어날까요?

(주)고칼로리는 피자사업과 치킨사업을 가지고 있습니다. 치킨사업을 인적분할해 (주)족발에 합병시킬 겁니다. 분할비율은 0.7대 0.3이라고 해 봅니다.

고칼로리 주식 100주(지분율 10%)를 가진 주주 김갑수가 있습니다. 갑수의 주식은 인적분할을 거치면 피자사업을 지배하는 70주(분할비율 0.7)와 치킨사업을 지배하는 30주(분할비율 0.3)로 나뉠 것입니다.

이제 치킨사업은 족발에 합병됩니다. 갑수는 30주를 내놓고(소각), 족발 신주로 보상을 받아야지요. 합병비율은 1대 0.5로 평가되었습니다. 즉 족발 1주 가치를 1로 보았을 때 치킨사업 1주 가치는 0.5라는 이야기입니다. 그렇다면 갑수가 받을 족발 주식은 '소멸되는 치킨사업 30주×0.5=15주'가 됩니다.

최종적으로 이 분할합병을 거치고 나면 갑수 손에 남는 것은 피자사업(분할존속회사 고칼로리)을 지배하는 70주(지분율 10%)와 족발(합병존속회사) 15주라는 겁니다.

갑수가 족발 주식을 몇 주나 받을 수 있을지는 분할합병비율에 따라 결정됩니다. 분할 때 치킨사업에 적용된 분할비율 0.3과 족발에 합병될 때 치킨사업에 적용된 합병비율 0.5를 곱한 0.15가 분할합병비율이 됩니다. 즉 갑수는 분할 전의 고칼로리 1주당 족발 0.15주를 받아야 하니까 100주에 대해 15주를 배정받는 겁니다.

[(주)고칼로리 치킨사업 분할해 (주)족발과 합병]

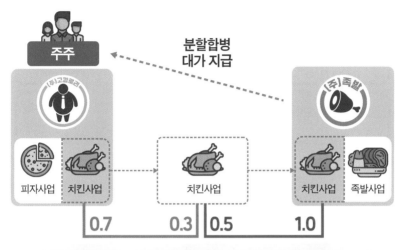

분할비율(0.3)×합병비율(0.5)=분할합병비율(0.15)

[(주)고칼로리 분할합병에 따른 주주 갑수의 지분 변화]

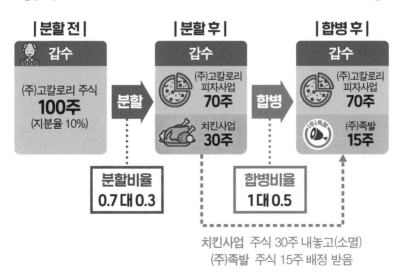

상장회사 간 (사조대림-사조해표) 합병, 주당 가치 어떻게 구할까?

●●● 합병비율은 합병하는 회사들의 주당 가치에 따라 정해진다고 했습니다. 상장사와 상장사가 합병할 때는 주가로 주당 가치를 결정합니다. 상장사는 증권시장에서 매일매일 결정되는 주가가 있으니까요. 그런데 어떤 특정한 날의 주가를 딱 집어서 결정하지는 않습니다.

「자본시장과 금융투자업에 대한 법률(약칭 자본시장법)」과 시행령, 「증권발행 및 공시에 대한 규정」에 따르면 이렇습니다. 합병을 결의한 이사회의 전일(최근일)을 기준으로 해, ① 최근 1개월간 거래량 가중평균종가 ② 최근 1주일간 거래량 가중평균종가 ③ 최근일 종가를 구합니다. ①②③을 더한 값을 3으로 나눠, 즉 산술평균해 합병 주당 가치를 구합니다. 계열회사 간 합병을 할 때는 이렇게 산출한 가액에서 10%를 할인 또는 할증해도 됩니다.

2019년 1월 (주)사조대림은 (주)사조해표를 흡수합병한다고 공시했습니다. 두 회사 모두 유가증권시장 상장사였기 때문에 최근 주가 흐름으로 합병 기준주가를 산출했습니다.

사조대림이 2만 3743원, 사조해표가 1만 626원으로 계산됐기 때문에 합병비율은 1대 0.45로 결정이 되었습니다. 사조해표의 소멸되는 주식 1주당 사조대림 0.45주가 배정된다는 거지요. 사조해표 100주를 가진 주주는 사조대림 45주를 받습니다.

합병은 주주총회를 거쳐야 합니다. 합병에 반대하는 주주는 회사를 상대로 주식매수청구권을 행사할 수 있습니다. 이에 대해서는 뒤에서 자세히 다룹니다.

[상장사 대 상장사가 합병할 때 기준주가 결정]

- 시장에서 거래되는 시가(주가)를 기준으로 주당 합병 가치 결정
- 「자본시장법」과 시행령, 「증권의 발행 및 공시에 대한 규정」에 근거
- 합병을 결의한 이사회의 전일(최근일)을 기준으로 함

1. 최근 1개월 간 거래량 가중평균종가
2. 최근 1주일 간 거래량 가중평균종가
3. 최근일 종가
합병일 기준주가 : 1+2+3의 평균

- 계열회사 간 합병의 경우 이 산출가액을 기준으로 10% 범위에서 할인 또는 할증한 가액을 합병 기준시가(기준주가)로 정할 수 있음

[사조대림과 사조해표 합병 기준주가 결정]

합병 신주
320만 4471주
지급

주주

(주)사조대림
합병주가
2만 3743원

합병

(주)사조해표
합병주가
1만 626원

합병비율
1 대 0.45

	사조대림	사조해표
1. 최근 1개월	2만 3815원	1만 293원
2. 최근 1주일	2만 3665원	1만 686원
3. 최근일 종가	2만 3750원	1만 900원
1+2+3의 평균	2만 3743원	1만 626원
합병비율	1	0.45

합병에 반대할 때
주식매수청구권 행사하기

●●● 주식매수청구권(株式買受請求權)은 합병이나 중요한 영업양도 등 주주 이익에 미치는 영향이 큰 사안에 대해 반대하는 주주가 자기가 소유한 주식을 공정한 가격으로 매수해 달라고 회사에 청구할 수 있는 권리입니다. 이런 중요한 사안은 주주총회에서 다수결에 따라 결정되기 때문에, 소수 주주를 보호하기 위한 절차라고 보면 될 것 같습니다.

반대 주주는 우선 주주총회가 열리기 전까지 서면으로 반대 의사를 회사에 알려야 합니다. 그렇지 않으면 주주총회에 가서 반대 표결을 했다 해도 청구권을 행사할 수 없습니다. 만약 주주총회 전에 반대 통지를 한 주주가 정작 주주총회에 가서 찬성표를 던지면 어떻게 될까요? 당연히 청구 자격을 잃습니다. 합병에 찬성하지만, 나중에 마음이 바뀔지 모른다면 일단 서면으로 반대 통지를 해 놓는 것이 유리할 수 있습니다. 서면으로 반대했다고 해서 반드시 매수 청구를 해야 하는 것은 아니니까요.

사조대림의 주식매수청구 관련 일정을 볼까요? 주주총회가 2019년 4월 29일입니다. 반대 의사는 4월 12~26일까지 서면으로 통지해야 합니다. 주주총회에서 합병안이 통과될 경우 주주총회일인 4월 29일부터 5월 20일까지 주식매수청구 자격이 있는 주주들은 청구권을 행사하면 됩니다.

대개 합병 계약에서는 어느 한 회사로 주식매수청구금액이 과도하게 들어오면 합병 계약 취소를 요구할 수 있다는 조항을 넣습니다. 사조대림과 사조해표 어느 한 회사로 청구금액이 100억 원을 초과해 들어오면, 해당 회사가 합병 계약 취소를 요구할 수 있게 했습니다.

[(주)사조대림의 합병 공시 내용 중 주식매수청구권 부분 요약]

- 주식매수청구 시 매수 예정가격 : 23,728원
- 주식매수청구권 행사 요건
 - 합병 이사회 결의에 반대하는 주주는 주주총회 결의일 전일까지 서면으로 반대 의사를 통지한 경우에 한해 매수를 청구할 수 있음
 - 사전 서면으로 반대 의사를 통지한 주주가 주주총회에서 합병에 찬성한 경우에는 주식매수청구권을 행사할 수 없음
- 매수청구권이 합병 계약에 미치는 효력
 합병회사(사조대림) 주주들이 행사한 매수청구가액이 100억 원을 초과하는 경우 또는 피합병회사(사조해표) 주주들의 매수청구가액이 100억 원을 초과하는 경우, 해당 회사가 본 합병 계약 해제를 요청할 수 있음

[(주)사조대림-(주)사조해표 합병 반대 주식매수청구권 관련 일정]

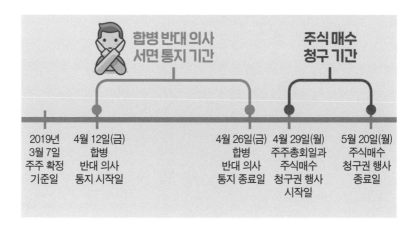

합병 반대 의사 서면 통지 기간

주식 매수 청구 기간

2019년 3월 7일 주주 확정 기준일

4월 12일(금) 합병 반대 의사 통지 시작일

4월 26일(금) 합병 반대 의사 통지 종료일

4월 29일(월) 주주총회일과 주식매수 청구권 행사 시작일

5월 20일(월) 주식매수 청구권 행사 종료일

주식매수청구가
감당할 수 없이 많아진다면…:

●●●● 사조대림과 사조해표간 합병에서 회사 측이 제시한 주식매수청구권 행사가격은 각각 2만 3728원과 1만 457원이었습니다. 회사의 주가가 매수청구가격보다 크게 오른다면 청구권을 행사할 필요가 없겠지요. 반대로 주가가 매수청구가격에 크게 못 미친다면 청구권을 행사할 유인이 커지게 됩니다. 이런 경우 회사는 투자자를 대상으로 한 설명회 개최 등 다양한 방법으로 주가를 끌어올릴 수단을 실행할 수 있습니다. 그럼에도 실제 매수 청구가 많이 들어오고, 그 금액이 사조대림과 사조해표 중 어느 한 회사에서 100억 원을 초과하게 되면 합병이 무산될 수 있습니다.

예를 들어 사조해표에 100억 원을 초과한 주식매수청구가 실제로 들어왔다고 해 봅시다. 사조해표로서는 그만큼 현금 유출이 발생하게 되지요. 차라리 합병을 안하는 것이 더 낫다는 판단이 선다면 사조대림에 합병 계약 해지를 요청하면 됩니다. 주식매수청구가 100억 원을 초과했는데도 불구하고 합병을 진행하는게 낫다고 판단한다면 합병 작업은 계속됩니다.

한편 회사가 제시하는 주식매수청구가격은 첫 번째 그림(사조대림의 사례)에 나타난 것처럼 최근 2개월, 1개월, 1주일간의 거래량 가중평균주가를 단순평균하여 구합니다. 이 가격에 반대하는 주주들은 법원에다 매수가격을 재산정해 달라고 요구할 수도 있습니다.

두 번째 그림은 두 회사의 합병 이후 지배 구조를 최대한 간단하게 나타낸 것입니다.

상장사가 주주들에게 제시하는 주식매수가격 결정 방법(사조대림의 예)

구분	금액
1. 최근 2개월 거래량 가중평균주가	2만 3703원
2. 최근 1개월 거래량 가중평균주가	2만 3815원
3. 최근 1주일 거래량 가중평균주가	2만 3665원
기준 매수가격[(①+②+③)/3]	2만 3728원

사조대림과 사조해표 합병 후 지배 구조 변화

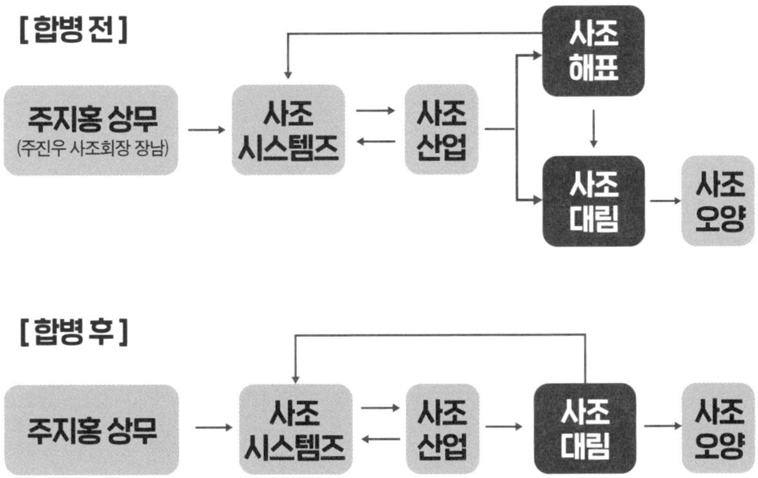

[합병 전]

주지홍 상무 (주진우 사조회장 장남) → 사조 시스템즈 → 사조 산업 → 사조 해표 → 사조 대림 → 사조 오양

[합병 후]

주지홍 상무 → 사조 시스템즈 → 사조 산업 → 사조 대림 → 사조 오양

비상장사의 합병 본질가치는 어떻게 구할까?

●●● 상장사와 비상장사간 합병에서는 주당 가치를 어떻게 산정할까요? 상장사는 주가를 기준으로 하면 됩니다. 비상장사는 '본질가치평가액'이라는 것을 산출해야 합니다. 기업의 본질가치는 '자산가치'와 '수익가치'로 구성된다고 보고, 이 두 개를 구해 가중평균하는 방법입니다.

상장사 ㈜삼겹살이 비상장사 ㈜닭갈비를 흡수합병한다고 해 봅시다. 삼겹살의 합병 기준주가는 170원이라고 가정합니다. 닭갈비는 자산가치와 수익가치를 구해야 합니다. 자산가치를 구한다는 것은 주당 순자산가치를 구한다는 것으로 이해하면 됩니다. 닭갈비의 자본 즉 순자산 총액이 100만 원, 발행주식수가 1만 주라면 주당 순자산가치는 100원입니다(순자산총액은 재무제표상의 자본총계와 같다고 단순가정했습니다).

수익가치는 앞으로 회사가 얼마나 많은 잉여현금흐름을 창출해 낼 수 있을지를 따져보는 것입니다. 가장 많이 쓰이는 평가방법으로 현금흐름할인법(DCF; Discounted Cash Flow)이 있습니다. 수익가치가 500만 원으로 산출되었다고 가정해 보겠습니다. 발행주식수 1만 주로 나누면 주당 수익가치는 500원이 됩니다. 이제 주당 순자산가치에 1, 주당 수익가치에 1.5의 가중치를 부여해 본질가치를 계산하면 다음과 같습니다.

> 본질가치=[(자산가치 100원×1)+(수익가치 500원×1.5)]/2.5=340원

앞서 삼겹살의 합병기준주가가 170원이라고 했지요. 닭갈비의 본질가치는 340원으로 산출되었습니다. 그렇다면 합병비율은 1대 2가 됩니다.

상장사 - 비상장사 간 합병

(주)삼겹살 + **(주)닭갈비** = **(주)삼겹살**

(예) 상장사 (주)삼겹살이 비상장사 (주)닭갈비를 흡수합병

[주당 합병가액 결정]

	합병가액	방법
상장사 삼겹살	기준주가(기준시가)	1개월, 1주일, 최근일 주가 흐름
비상장사 닭갈비	본질가치 평가액	자산가치와 수익가치 가중평균

비상장사 (주)닭갈비의 합병 주당 가치 (본질가치 평가액) 산출 사례

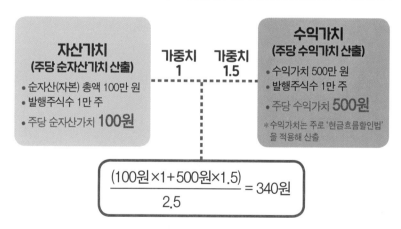

자산가치
(주당 순자산가치 산출)
- 순자산(자본) 총액 100만 원
- 발행주식수 1만 주
- 주당 순자산가치 **100원**

가중치 1 **가중치 1.5**

수익가치
(주당 수익가치 산출)
- 수익가치 500만 원
- 발행주식수 1만 주
- 주당 수익가치 **500원**

* 수익가치는 주로 '현금흐름할인법'을 적용해 산출

$$\frac{(100원 \times 1 + 500원 \times 1.5)}{2.5} = 340원$$

	(주)삼겹살(상장사)	(주)닭갈비(비상장사)
	합병기준주가	본질가치평가액
합병가액	170원	340원
합병비율	1	2

하림에 흡수되는 그린바이텍 주당 가치는 왜 그렇게 높았을까?

●●● 2019년 12월 상장사 (주)하림은 비상장사 (주)그린바이텍(농축산물 가공판매 및 사료제조업)을 흡수합병했습니다. 두 회사는 모두 (주)하림지주의 자회사입니다. 합병비율은 1대 35였습니다. 어떻게 이런 결과가 나왔을까요?

비상장사는 자산가치와 수익가치를 가중평균해 합병 주당 가치를 산출합니다. 대개 자산가치 즉 주당 순자산가치는 그리 높게 나오지 않습니다. 수익가치는 회사가 미래에 창출할 것으로 예상되는 현금흐름 추정치를 현재 가치로 환산하기 때문에, 추정하기에 따라 아주 높은 금액이 나올 수 있습니다.

특히 수익가치에 높은 가중치를 부여하기 때문에, 비상장사의 합병 주당 가치가 아주 높게 산출되는 사례들이 있습니다. 첫 번째 그림에 나타난 것처럼 그린바이텍의 자산가치는 2만 9150원밖에 되지 않습니다. 그런데 수익가치가 다섯 배에 가까운 14만 817원으로 산출되었습니다. 이 두 개를 가중평균해 구한 합병 주당 가치(본질가치평가액)가 9만 6150원입니다.

반면 상장사인 하림이 최근 주가 흐름을 기준으로 산출한 합병주가는 2711원에 불과합니다. 참고로, 상장사와 비상장사 간 합병에서 상장사는 주가 흐름으로 산출한 합병주가가 자산가치(주당 순자산가치)보다 작다면, 자산가치를 주당 합병 가치로 정할 수도 있습니다. 두 회사는 합병 공시에서 "어느 한 회사에 들어온 주식매수청구 대금이 10억 원을 초과하면 해당 회사의 요청에 따라 합병 계약을 해지할 수 있다"는 조항이 있다고 밝혔습니다.

(주)하림과 (주)그린바이텍의 합병비율 산정

(주)하림
(상장사)

합병 주당 가치:
2711원

합병

합병비율
1 대 35

(주)그린
바이텍
(비상장사)

합병 주당 가치:
9만 6150원

1. 최근 1개월	2687원
2. 최근 1주일	2710원
3. 최근일	2735원
합병가액 =(1+2+3)/3	2711원

본질가치(합병가액) [(자×1+수×1.5)÷2.5]	96,150원
자산가치	29,150원
수익가치	140,817원
상대가치	–

(주)하림과 (주)그린바이텍 합병 후 지배 구조

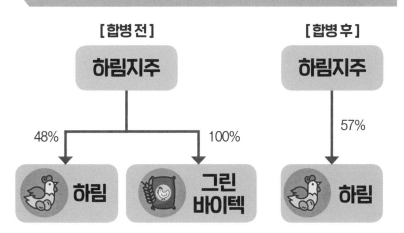

상속세 및 증여세법이
거기서 왜 나와?

●●● 비상장사들이 합병할 때 두 회사의 주당 가치는 어떻게 산출할까요? 사실 이 경우 합병비율 산정 방법에 대한 별도 법률이나 규정은 없습니다. 그냥 합병 당사자들이 합의한 방법으로 하면 된다는 거지요. 하지만 나중에 과세당국이 세금 관련해 문제 삼을 소지가 있기 때문에 「상속세 및 증여세법(상증법)」에 정해진 비상장주식 평가법에 따르는 경우가 많습니다. 「상증법」은 현금흐름할인법(DCF)처럼 미래 재무제표 추정치를 사용하지 않습니다. 이미 확정된 과거 수년 동안의 재무제표를 사용해 자산가치와 수익가치를 구하고 가중평균합니다.

「상증법」 외에 한국공인회계사회가 제정한 '가치평가업무 기준'에 따른 평가법을 사용하기도 하는데요. 「상증법」 규정과 한공회 기준을 혼합해 산출하는 경우도 있습니다. 다수 간에 공개시장에서 상당한 물량이 거래된 사례가 있다면 그 거래가격을 시가로 인정할 수도 있습니다. 하지만 이것이 공정한 시가인지에 대해 논란의 소지가 있습니다.

두 번째 그림은 비상장 게임회사 간 합병입니다. 2019년 3월 (주)넷마블블루가 (주)이데아게임즈를 흡수합병했는데요. 합병비율은 1대 35입니다. 한공회의 '가치평가 수행기준'에 따른 평가법과 「상증법」에 따른 평가법을 기초로 두 회사가 협의해 합병비율을 정했다고 공시에서 밝혔습니다. 세 번째 그림은 2019년 11월 모바일쇼핑기업 (주)카카오커머스가 (주)카카오메이커스를 흡수합병한 것입니다. 「상증법」과 시행령 규정을 적용해 합병비율을 결정했는데, 1대 15.8입니다.

[비상장사들이 합병할 때 주당 가치 산출 방법]

- 정해진 법률 규정이나 제도 규정 없음. 당사자간에 협의해 결정.
- 일반적으로 기업들이 많이 사용하는 평가 방법은 두 가지
  1. 「상속세 및 증여세법(상증법)」 및 시행령 규정
  2. 한국공인회계사회 '가치평가 기준'

[비상장게임회사 간 합병]

(주)넷마블블루

합병

(주)이데아게임즈

합병비율 1 대 35
「상속세 및 증여세법」과 시행령 규정,
한국공인회계사회 가치평가 기준을
기초로 합병회사간 협의

[(주)카카오커머스의 (주)카카오메이커스 흡수합병]

(주)카카오커머스

BUY

합병

(주)카카오메이커스

합병비율 1 대 15.8
「상속세 및 증여세법」과 시행령 규정

현대모비스를 중심으로 한 현대차그룹의 지배 구조 재편 시도

●●● 2018년 3월 현대자동차그룹은 현대모비스의 모듈 및 AS 부품 사업 부문을 인적분할한 뒤 현대글로비스로 합병시키겠다고 공시했습니다. 두 회사는 모두 상장회사입니다.

그러나 이 계획은 무산되었습니다. 5월에 예정된 임시주주총회를 앞두고 현대차그룹 측이 자진 철회했기 때문입니다.

현대차그룹은 분할합병을 시작으로 현대모비스를 그룹 지배 구조의 최상단에 놓는 작업을 진행하려 했습니다. 계열사 간 순환출자* 고리를 끊어나가면서 대주주 일가가 현대모비스를 지배함으로써 그룹 전체를 지배하는 구조를 만드는 것이 목표였습니다. 현대차그룹은 국내 10대 그룹 중 유일하게 '현대모비스 → 현대차 → 기아차 → 현대모비스'로 이어지는 순환출자 구조를 해소하지 못했습니다.

이 같은 중장기 플랜으로 가는 첫 단추를 현대차그룹은 왜 포기해야 했을까요?

---

* **순환출자** : 한 그룹 안에서 A기업이 B기업에, B기업이 C기업에, C기업이 A기업에 다시 출자하는 방식으로 출자 구조가 원 모양으로 순환한다. 순환출자 구조에서는 적은 지분으로 그룹 전체를 장악할 수 있다.

현대차그룹 지배 구조

[현대모비스와 현대글로비스 간]
[분할합병 및 순환출자 해소 전]

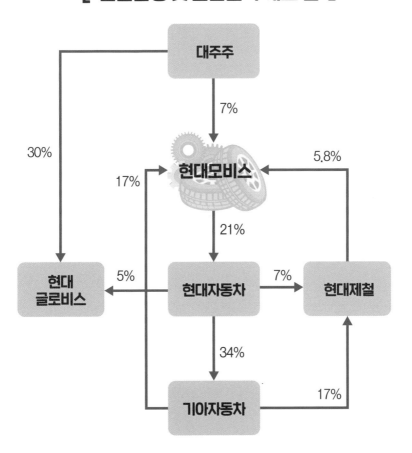

예를 들어봅시다. 상장기업 ㈜고칼로리(피자사업+치킨사업)에서 치킨사업을 뗴 ㈜치맥을 신설하는 인적분할을 합니다. 분할 후 피자사업을 하는 ㈜고칼로리는 변경상장*을 해야 합니다. 상장회사인데 분할로 인해 회사 사업 구성에 중요한 변경이 발생했으니 한국거래소의 변경상장 심사절차를 밟아야 합니다.

치맥은 상장회사의 사업을 분할해 새로 만든 회사이니 재상장*을 해야 합니다. 치맥의 주식이 증시에 상장되기 전까지는 말하자면 '비상장' 상태라고 할 수 있겠습니다.

그렇다면 고칼로리에서 치킨사업을 분할한 뒤 곧바로 상장기업 ㈜족발에 합병시키는 경우를 생각해 봅시다. 족발이 치킨사업을 합병하려면 족발 주당 가치와 치킨사업 주당 가치를 산출해 합병비율을 정해야 합니다.

치킨사업은 '비상장' 상태라고 할 수 있으니, 이 합병은 상장사와 비상장사 간 합병이라는 관점에서 합병비율을 정해야 합니다.

다음 편에서 현대모비스 이야기를 계속 이어가겠습니다.

---

* **변경상장** : 증권거래소에 상장된 유가증권의 종목, 수량, 종류, 액면금액 등을 변경하는 것.
　재상장 : 1회 이상 상장되어 있던 기업이 상장폐지된 이후 다시 상장하는 것.

현대차그룹 지배 구조(중장기 플랜)

[현대모비스와 현대글로비스 간]
[분할합병 및 순환출자 해소 후]

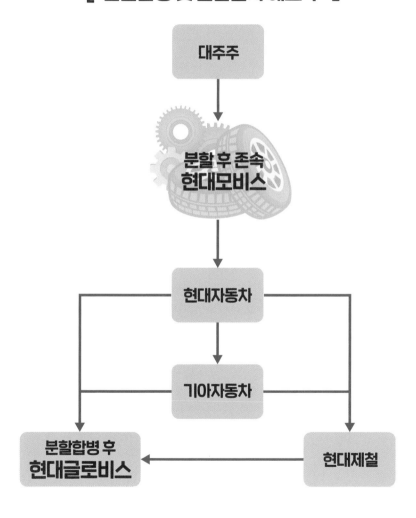

대주주

분할 후 존속
현대모비스

현대자동차

기아자동차

분할합병 후
현대글로비스

현대제철

현대모비스-현대글로비스의 분할합병이 무산된 까닭

●●● 현대모비스는 모듈 및 AS 부품 사업을 인적분할합니다. 그리고 곧바로 현대글로비스에 이 사업을 합병시키기로 했습니다. 분할합병을 추진하는 겁니다. 현대모비스 분할비율은 0.79대 0.21로 정해졌습니다. 이 비율에 따라 모듈 및 AS 부품 사업의 발행주식수도 정해지는 겁니다.

현대모비스 핵심 부품 사업		모듈 및 AS 부품 사업
0.79	:	0.21

예를 들어 분할 전 현대모비스의 총발행주식수가 100주라면 분할 후 존속회사 현대모비스의 발행주식수는 79주(0.79)이고, 모듈 및 AS 부품 사업은 21주(0.21)가 되는 거지요.

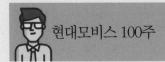

현대모비스 100주 → 분할 후 → 현대모비스 79주 / 모듈 및 AS 부품 사업 21주

그다음으로는 현대글로비스와 현대모비스에서 분할한 모듈 및 AS 부품 사업 각각의 주당 가치를 평가해 합병비율을 산출해야 합니다. 현대글로비스는 상장사니까 주가 흐름에 따라 합병 주당 가치를 계산합니다. 모듈 및 AS 부품 사업은 비상장에 해당됩니다.

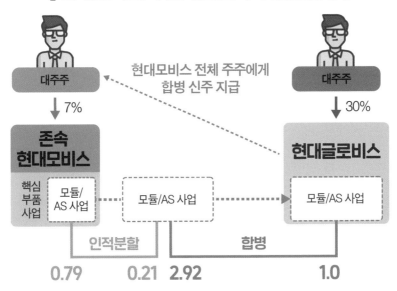

[현대모비스와 현대글로비스 분할합병]

현대모비스 전체 주주에게
합병 신주 지급

대주주 ↓ 7%

대주주 ↓ 30%

**존속
현대모비스**

현대글로비스

핵심
부품
사업 │ 모듈/
AS 사업

모듈/AS 사업

모듈/AS 사업

인적분할   합병

0.79   0.21 **2.92**   1.0

분할비율(0.21)×합병비율(2.92)=분할합병비율(0.61)

상장사와 비상장사간 합병에서 비상장사는 자산가치와 수익가치를 가중평균한 본질가치평가액을 합병 주당 가치로 합니다. 현대글로비스는 주당 15만 4911원, 모듈 및 AS 부품 사업은 주당 45만 2523원으로 평가되어 합병비율은 1대 2.92가 되었습니다.

현대글로비스	모듈 및 AS 부품 사업
1 :	2.92

그렇다면 분할합병비율은 어떻게 될까요? 모듈 및 AS 부품 사업이 현대모비스에서 0.21의 비율로 분할된 뒤 현대글로비스에 2.92의 비율로 합병되었으니 '0.21×2.92=0.61'입니다.

분할비율(0.21) × 합병비율(2.92) = 분할합병비율(0.61)

즉 분할 전 현대모비스 100주를 가진 주주라면 분할합병이 완료된 뒤에는 분할 존속회사 현대모비스 79주와 합병회사 현대글로비스 61주를 갖게 된다는 이야기지요.

현대모비스 일반 소액주주들과 기관투자자들은 모듈 및 AS 부품 사업의 가치를 저평가해 합병비율이 낮게 책정되었다고 반발했습니다. 현대차 정의선 부회장이 현대글로비스 지분을 많이 갖고 있어서 현대글로비스에 유리하게 평가했다는 주장이었죠. 결국 현대차그룹은 임시주주총회를 열지 못하고 분할합병안 취소를 발표했습니다.

[현대글로비스와 현대모비스 모듈 및
AS 부품 사업 합병비율]

현대글로비스
합병가액(기준시가) 15만 4911원

합병비율
1대 2.92

현대모비스 모듈/AS 부품사업
- 자산가치 22만 1599원
- 수익가치 60만 6472원
합병가액(본질가치) 45만 2523원

[분할합병 후 현대모비스 주주의 주식 변화]

 현대모비스 100주

 분할 합병 후

 현대모비스 79주

 현대글로비스 61주

짝을 찾아다니는 페이퍼컴퍼니, 스팩(SPAC)

●●● 역합병의 대표 사례가 스팩(SPAC) 합병입니다. 스팩 합병의 실제 사례를 통해 역합병까지 함께 살펴보겠습니다. 스팩(SPAC: Special Purpose Acquisition Company)은 비상장기업 합병만을 목적으로 설립되는 주식회사 형태의 페이퍼컴퍼니입니다. 스팩은 '기업인수목적회사'라고도 부릅니다. 증권사가 주도해 만들지요. 기관투자자와 일반투자자들의 자금을 출자받아 증권시장에 상장한 뒤 3년 내 비상장 우량기업을 찾아 합병해야 합니다.

스팩은 기관투자자들로부터 초기 출자금을 받아 설립되고, 그 이후 상장을 위한 신주 공모를 진행합니다. 새로운 투자자들로부터 공모 신주 대금을 납입 받은 날로부터 3년 이내에 '짝(비상장사)'을 찾아 합병을 완료하지 못하면, 스팩은 자동으로 청산되고 상장폐지됩니다.

2018년 10월 15일 미래에셋대우는 에스브이인베스트먼트 등 네 군데 기관투자자들과 함께 '미래에셋대우기업인수목적2호 주식회사(미래에셋대우2호스팩)'를 설립합니다. 초기 출자금은 3억 원, 발행주식수는 30만 주(주당 발행가격 1000원)입니다. 그리고 네 군데 기관을 상대로 스팩은 회사채(전환사채)를 발행해 자금을 조달하는데요. 총 12억 원의 자금을 조달했습니다.

그리고 약 두 달 뒤인 12월에 증권시장 상장을 위해 IPO(기업공개)를 진행합니다. 주당 2000원에 총 275만 주(55억 원)의 신주를 배정하는 일반 공모를 합니다. IPO가 완료 뒤 주주는 436명으로 늘어나고, 초기 설립자 외 일반 주주들 지분율이 92%가 됩니다. 이제 합병 대상만 찾으면 되겠지요.

[미래에셋대우기업인수목적2호 주식회사]
(미래에셋대우2호스팩)

설립 일자 : 2018년 10월 15일

	주식수	지분율	비고
에스브이인베스트먼트	170,000주	56%	
에스브이파트너스	100,000주	33%	
파인밸류자산운용	10,000주	3%	발기인
에이아이피자산운용	10,000주	3%	
미래에셋대우	10,000주	3%	
합계	300,000주	100%	-

[미래에셋대우2호스팩 IPO 진행(일반 공모)]

일자 : 2018년 12월

발행 주식	발행 수량	주당 액면가액	주당 발행가액	공모 총액	모집 방법
보통주	2,750,000주	100원	2,000원	5,500,000,000원	일반 공모

[미래에셋대우2호스팩 IPO 완료 후]

주주명	공모증자 전	공모증자 후	비 고
	지분율	지분율	
에스브이인베스트먼트	56%	5%	최대 주주
에스브이파트너스	33%	3%	특수관계인
파인밸류자산운용	3%	0.3%	
에이아이피자산운용	3%	0.3%	
미래에셋대우	3%	0.3%	
소액 주주(436명)	-	91%	
합계	100%	100%	

역합병과 우회상장이
동시에 발생하는 스팩합병

●●● 미래에셋대우2호스팩은 상장 6개월 만인 2019년 6월 흡수합병할 기업을 찾아냅니다. 방송프로그램 및 광고 콘텐츠 제작사인 (주)애니플러스입니다. 상장사인 스팩은 주가 흐름에 따라 2425원의 주당 합병 가치가 결정되었습니다. 비상장사인 애니플러스의 본질가치 평가액은 1만 1053원으로 산출되었습니다. 따라서 합병비율은 1대 4.9입니다. 소멸하는 애니플러스 1주에 대해 스팩 주식 4.9주를 발행해줘야 한다는 이야기입니다.

합병 당시 스팩의 총발행주식수는 305만 주, 대주주는 지분율 5.57%의 에스브이인베스트먼트였습니다. 애니플러스는 총발행주식수 390만 주, 대주주 (주)제이제이미디어웍스의 지분율이 33%였습니다. 애니플러스 총발행주식이 스팩보다 더 많습니다. 게다가 애니플러스 1주당 거의 5주의 스팩 주식을 발행해줘야 하는데, 애니플러스 대주주 지분율(33%)도 스팩 대주주 지분율(5.57%)보다 훨씬 높았습니다. 합병회사의 대주주는 당연히 소멸회사 애니플러스 대주주가 될 수밖에 없습니다. 합병회사의 사명은 (주)애니플러스로 합니다.

형식적으로는 애니플러스가 소멸되었지만 그 사업은 계속 유지된 채 코스닥 시장에 상장하는 효과가 발생합니다. 역합병으로 우회상장된 것입니다. 스팩합병에서는 이렇게 역합병과 우회상장이 일어납니다. 스팩이 보유하고 있던 공모 자금으로 애니플러스는 사업 경쟁력을 키울 것입니다. 애니플러스 주가가 오르면 스팩 초기 출자와 공모 때 참여했던 투자자들은 주식 매각 차익을 기대할 수 있습니다. 스팩은 잘되면 비상장 회사도 키우고 자본 이익도 기대할 수 있는 모델입니다.

스팩합병=역합병+우회상장

[미래에셋대우2호스팩과 (주)애니플러스 합병 전]

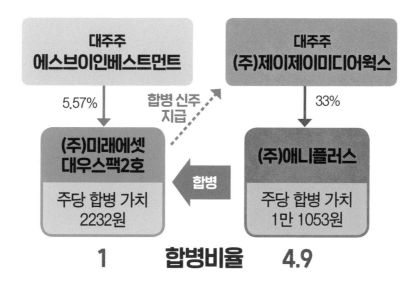

대주주
에스브이인베스트먼트

5.57%

합병 신주
지급

(주)미래에셋
대우스팩2호

주당 합병 가치
2232원

대주주
(주)제이제이미디어웍스

33%

(주)애니플러스

주당 합병 가치
1만 1053원

합병

1　　**합병비율**　　**4.9**

[미래에셋대우2호스팩과 (주)애니플러스 합병 후]

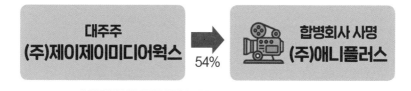

대주주
(주)제이제이미디어웍스

54%

합병회사 사명
(주)애니플러스

비상장사 애니플러스

법적 : 소멸
실질 : 역합병+우회상장

• 애니플러스 사업, 합병사에서 계속 유지
• 애니플러스 대주주가 합병회사 대주주
• 합병사 사명 (주)애니플러스로 유지

주주총회도 주식매수청구권도 필요없는 소규모 합병

●●● 합병하는 기업들 가운데는 어떤 기업들은 '소규모 합병'에 해당한다고 말하고, 또 어떤 기업들은 '간이합병'에 해당한다고 말합니다. 뭐가 '소규모'고 뭐가 '간이'며, 소규모 또는 간이 합병이면 주주에게 어떤 영향을 미칠까요?

흡수하는 회사(합병 존속회사) 입장에서 생각해봅시다. 소멸회사 주주들에게 신주를 발행해줘야 하잖아요. 그런데 합병 신주의 수가 존속회사 총발행주식의 10% 이내라면 존속회사는 "소규모 합병을 한다"고 말합니다.

예를 들어보지요. 존속회사 (주)삼겹살은 발행주식 100주에 시가총액이 1000만 원입니다. 주당 10만 원이지요. 소멸회사 (주)닭갈비는 발행주식은 삼겹살과 같은 100주지만 시가총액은 50만 원입니다. 주당 5000원이지요.

합병비율이 1대 0.05입니다. 합병 신주 수는 '닭갈비 발행주식수 100주×0.05=5주'밖에 없습니다. 삼겹살 총발행주식수 100주의 5%이지요. 이렇게 합병 신주가 총발행주식수의 10%가 안 되면 소규모 합병이라고 합니다. 시가총액으로 따지면 간편하겠네요. '닭갈비 시가총액 50만 원/삼겹살 시가총액 1000만 원×100%'로 계산하면 5%가 되지요.

이렇게 삼겹살이 소규모 합병을 하면, 삼겹살은 주주총회를 열 필요없이 이사회 결의만으로 합병을 진행해도 됩니다. 또 주주들에게 주식매수청구권을 부여하지 않아도 됩니다. 10% 미만 신주 발행은 주주 가치에 별 영향을 안 준다고 보는 겁니다. 삼겹살이 소규모 합병에 해당된다고 해 닭갈비가 주주총회를 안 열거나 주식매수청구권을 주지 않아도 되는 건 아닙니다.

[(주)삼겹살의 소규모 합병 1]

구분	(주)삼겹살	(주)닭갈비	소규모 합병 기준(10%) 충족 여부
시가 총액 기준	1000만 원	50만 원	50만 원/1000만 원×100%=5%
합병 신주 기준	5주		**합병 신주** 닭갈비 발행주식수 100주 × 합병비율 0.05=5주 ➡ 삼겹살 총발행주식수(100주) 　 대비 5%

※ (주)삼겹살은 소규모 합병에 해당

주주총회 없음, 주식매수청구권 없음

두 회사의 지분 관계가 많을수록 소규모 합병이 쉬워지는 이유

●●● 이런 경우를 한번 볼까요? (주)삼겹살 시가총액은 1000만 원, (주)닭갈비 시가총액은 150만 원입니다. 삼겹살이 닭갈비를 이 상태에서 흡수합병한다면 '150만 원/1000만 원×100%=15%'로, 소규모 합병 요건에 못 미칩니다. 그런데 삼겹살이 닭갈비 지분을 40% 보유하고 있다고 해 봅시다. 삼겹살은 합병 신주를 발행할 때 자기가 보유한 닭갈비 지분 40%에 대해서는 배정하지 않기로 했습니다. 그렇다면 삼겹살은 닭갈비 시가총액 150만 원의 60%에 해당하는 90만 원어치만 합병 신주를 발행하면 됩니다. 다시 계산해 봅시다. '90만 원/1000만 원×100%=9%'로, 소규모 합병 기준(10% 이하)을 충족합니다.

삼겹살은 주주총회 없이 이사회 결의만으로 합병을 진행할 수 있고, 주식매수청구권을 부여하지 않아도 됩니다. 소규모 합병은 합병회사인 삼겹살에 해당하기 때문에, 소멸회사인 닭갈비와는 상관이 없습니다. 즉 닭갈비는 주주총회를 열고 반대하는 주주들에게 주식매수청구권을 부여해야 할 수도 있습니다.

소규모 합병 요건을 충족하면 무조건 주주총회와 주식매수청구권을 부여하지 않고 합병을 진행할 수 있을까요? 그렇지는 않습니다. 「상법」 제527조는 소규모 합병 요건에 맞아도 합병회사 총발행주식수의 20% 이상 주주들이 서면으로 반대 의사를 통지하면, 소규모 합병을 할 수 없다고 규정하고 있습니다. 일반 합병으로 진행해 주주총회를 거쳐야 하고, 주식매수청구권도 부여해야 한다는 거지요. 합병에 반대하는 개미 주주 지분이 20% 이상이라면 소규모 합병을 못 할 수도 있다는 겁니다.

[(주)삼겹살의 소규모 합병 2]

(주)삼겹살이 (주)닭갈비 지분을 많이 보유하고 있는 경우

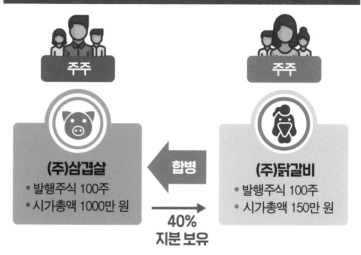

구분	시가총액	지분 관계가 없을 경우	40% 지분 관계일 경우
삼겹살	1000만 원	150만 원/1000만 원	90만 원/1000만 원
닭갈비	150만 원	×100%=15%	×100%=9%
소규모 합병 총족 여부		미충족	충족

「상법」 제527조의3(소규모 합병) 제4항

소규모 합병 요건을 충족해도 합병회사 총발행주식수의 20% 이상에 해당하는 주주가 서면으로 합병 반대 의사를 통지한 때에는 소규모 합병을 할 수 없음.

지분을 90% 이상 보유한
회사를 흡수하면 간이합병

●●● 자, 이번에는 합병 소멸회사 입장에서 한번 봅시다.

㈜삼겹살이 ㈜닭갈비를 흡수합병하는데, 삼겹살이 닭갈비 지분을 90% 이상 소유하고 있습니다. 또는 닭갈비 모든 주주가 합병에 찬성 의사를 표시했습니다. 이 두 가지 중 어느 한 가지에 해당하면 "닭갈비는 '간이합병'을 한다"고 말합니다. 간이합병에 해당하면 닭갈비는 주주총회를 열지 않고 이사회 결의만으로 합병을 진행할 수 있습니다.

그럼 주식매수청구권은 어떻게 될까요? 닭갈비 모든 주주가 합병에 동의해 간이합병을 한다면 당연히 주주들에게 주식매수청구권을 부여할 필요가 없지요. 주식매수청구권은 합병에 반대하는 주주에게 부여하는 것이니까요. 만약 삼겹살이 닭갈비 지분을 90% 이상 보유해 닭갈비가 간이합병에 해당한다면, 닭갈비 주주 중에는 아주 소수일지라도 합병에 반대하는 주주들이 있을 수 있겠지요. 이들에게는 절차에 따라 주식매수청구권이 부여됩니다.

정리하자면 합병 존속회사(삼겹살)는 '소규모 합병'에 해당하는지, 합병 소멸회사(닭갈비)는 '간이합병'에 해당하는지를 따져보면 됩니다. 삼겹살이 닭갈비 지분을 90% 이상 보유해 간이합병에 해당한다면 주주총회는 열리지 않아도 주식매수청구권은 부여해야 하는데요. 실제로 이런 경우에는 나머지 10% 미만 주주들의 동의를 받아 합병을 진행하므로 청구권이 부여되는 경우는 거의 없다고 봐도 무방합니다.

[(주)닭갈비의 간이합병]

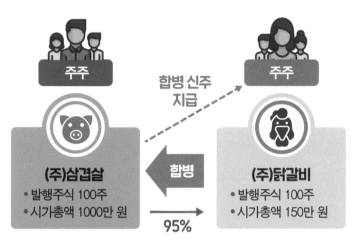

구분	간이합병 여부	주주총회 개최	주식매수 청구권 부여
닭갈비 모든 주주가 합병에 동의	O	필요 없음	부여하지 않음
삼겹살이 닭갈비 지분을 90% 이상 보유	O	필요 없음	소수 주주에게 부여해야 할 수도 있음*

∗ 실제 기업이 지분 90% 이상을 보유한 회사를 합병할 때는 주주 전원의 동의 얻어 진행하기 때문에 주식매수청구권을 부여하는 절차를 거치지 않음.

주당 13만 원
아이티엔지니어링 122주 주면
주당 1000원 큐로 1주 준다?

●●● 2019년 12월, 열교환기 보일러를 생산하는 상장사 ㈜큐로가 전기차 설계업체인 비상장사 ㈜아이티엔지니어링을 합병합니다. 큐로의 합병가액(주당 가치)은 1077원, 아이티엔지니어링은 13만 1739원입니다. 합병비율이 무려 1대 122나 되는군요. 시가총액을 보면 큐로는 1343억 원, 아이티엔지니어링은 187억 원 밖에 안됩니다. 큐로는 발행주식수가 아주 많고, 아이티엔지니어링은 매우 적다는 것을 알 수 있습니다. 어쨌든 이대로 합병하면 소규모 합병이 될까요?

'187억 원/1343억 원×100%'을 계산하면 13%입니다. 10% 이하가 되어야 소규모 합병이 될 수 있죠. 그런데 다시 보니 큐로는 이미 아이티엔지니어링 지분을 54%나 보유하고 있습니다. 다시 말해, 187억 원 중에서 54%를 뺀 나머지 46%(86억 원)만큼만 합병 신주를 발행해 주면 된다는 겁니다. 그렇다면 86억 원/1343억 원×100%=6.5%가 되어, 큐로는 소규모 합병을 할 수 있습니다. 주주총회를 이사회 결의로 갈음할 수 있고, 합병에 반대하는 주주의 주식매수청구권이 인정되지 않습니다. 만약 개미 주주들이 지분 20% 이상을 모아 회사에 서면으로 반대 의사를 통지하면 소규모 합병으로 진행할 수 없습니다. 아이티엔지니어링은 간이합병에 해당되지 않기 때문에 주주총회를 열고, 합병 반대 주주에게는 주식매수청구권을 행사할 기회를 보장해주어야 합니다. 참고로, 어떤 매체에서 두 기업의 합병비율과 관련해 "아이티엔지니어링 122주당 큐로 1주"라고 썼습니다. 이 말은 13만 1739원짜리 주식 122주를 1077원짜리 주식 1주로 바꾸라는 이야기입니다. 말이 안 되지요. 그 반대입니다.

[(주)큐로의 (주)아이티엔지니어링 소규모 합병]

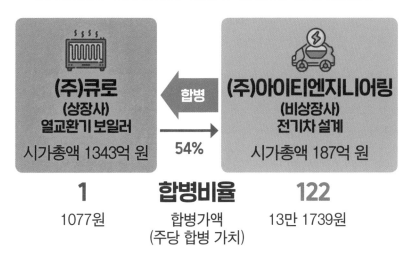

(주)큐로
(상장사)
열교환기 보일러
시가총액 1343억 원

합병 54%

(주)아이티엔지니어링
(비상장사)
전기차 설계
시가총액 187억 원

1
1077원

합병비율
합병가액
(주당 합병 가치)

122
13만 1739원

지분 관계가 없을 경우

$\dfrac{187억\ 원}{1343억\ 원}$ ×100%=13% ➡ 소규모 합병 요건 충족 못함

지분 54%를 보유했을 경우

$\dfrac{86억\ 원}{1343억\ 원}$ ×100%=6.5% ➡ 소규모 합병 요건 충족

※ 큐로는 주주총회 없음, 주식매수청구권 인정하지 않음.

합병 신주를 1주도 발행하지 않는 무증자 합병

●●● 합병을 하면 소멸회사 주주에게 합병회사가 신주를 발행해줘야 합니다. 합병회사 입장에서는 증자(자본금 증가)를 하게 되는 셈이지요. 그런데 합병 신주를 1주도 발행하지 않는 경우, 즉 무증자 합병도 있습니다. 100% 완전자회사를 합병할 때입니다.

㈜고칼로리가 100% 자회사 ㈜족발을 합병한다고 해 봅시다. 고칼로리가 합병 신주를 발행해줘야 할 대상이 자기 자신입니다. 자기주식을 취득하게 되는 셈이지요. 합병 신주를 발행하고 취득할 이유가 없습니다. 이럴 때는 합병 신주 없이 즉 무증자 합병을 하는 것이 일반적입니다. 무증자 합병도 일종의 소규모 합병에 해당됩니다.

2019년 9월 SK케미칼은 완전자회사 ㈜이니츠를 합병한다고 공시했습니다. 합병비율은 1대 0입니다. 합병 신주를 1주도 발행하지 않으려면 소멸회사의 주당 가치를 0으로 간주해야 하는 거지요. 실제 가치가 0이라는 건 아닙니다. 2019년 10월에 동부제철은 완전자회사 동부인천스틸을 합병하려고 했습니다. 동부인천스틸은 동부제철의 판재사업 부문을 물적분할해 설립한 회사였습니다. 그래서 동부제철이 가진 지분율이 100%였던 거지요. 무증자이자 소규모 합병을 진행하면 되는데요. 동부제철 일반 소액주주들이 지분 25%를 모아 합병 반대 의사를 회사에 통지했습니다. 소규모 합병 진행에 브레이크가 걸린 거지요. 동부제철은 일단 합병을 포기하는 길을 택했습니다. 그리고 5개월 뒤인 2020년 3월 일반 소액주주들을 접촉해 합병 동의 의사를 확보한 뒤, 합병을 재추진해 성공했습니다.

[SK케미칼 무증자 합병]

2019년 9월

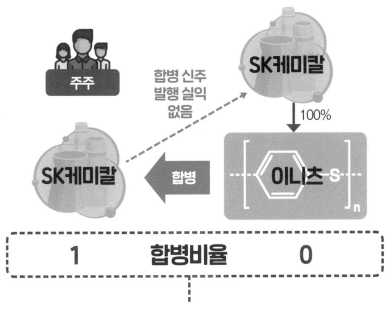

주주

합병 신주
발행 실익
없음

SK케미칼

100%

SK케미칼

합병

이니츠

| 1 | 합병비율 | 0 |

SK케미칼은 이니츠 주식을 100% 소유하고 있으며,
합병 시 SK케미칼이 신주를 발행하지 않으므로 합병비율을 1:0으로 산출

[동부제철 무증자 합병]

2020년 3월

물적분할
100% 자회사

동부제철

합병

동부인천스틸

다음-카카오 합병사 대주주는 김범수, 역합병으로 뒷문상장

●●● 2014년 5월에 있었던 상장사 다음커뮤니케이션과 당시 비상장사 카카오 간의 합병은 상장사와 비상장사가 합병해 증권시장에 우회상장(backdoor listing)한 대표적인 사례입니다. 다음이 카카오를 흡수합병했습니다. 다음의 주당 합병 가치는 7만 2910원, 카카오는 11만 3429원이었습니다. 카카오의 합병 가치(본질가치) 평가 내역을 보면, 자산가치는 6472원밖에 안 됐습니다. 수익가치는 그보다 무려 28배나 높은 18만 4734원으로 산출되었습니다. 둘을 가중평균한 값이 본질가치(주당 합병 가치) 11만 3429원이었습니다. 합병비율은 1대 1.55였습니다.

다음 대주주였던 이재웅은 지분율이 13.7%로 낮은 편이었고, 카카오 대주주 김범수는 29%로 상대적으로 높은 편이었습니다. 그러다보니 합병회사 다음카카오의 대주주는 소멸회사 대주주였던 김범수로 바뀌었습니다. 특수관계인 지분까지 합하면 다음카카오에 대한 김범수의 지배력이 43%까지 올라갔습니다. 코스닥시장 상장 규정에 따르면 합병으로 비상장회사의 최대 주주 또는 지분율이 5% 이상인 주주가 상장회사의 대주주가 되면 우회상장에 해당됩니다. 그러니까 카카오가 우회상장이 된 것입니다. 회사 이름은 합병 직후에는 다음카카오였지만 나중에 카카오로 바꼈습니다.

이 합병은 법률적으로는 다음이 카카오를 흡수하는 형식이었지만, 회계적 실질은 카카오가 다음을 매수하는 형태 즉 역합병이었습니다. 당시 카카오의 주당 가치평가액(11만 3429원)에 관해 일부에서 지나치게 높이 평가됐다고 지적했지만, 지금에 와서 보면 합리적이었던 것 같습니다.

[합병을 활용한 카카오의 우회상장] 2014년 5월

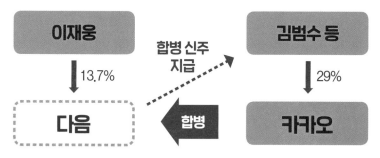

구분	합병법인(다음)	피합병법인(카카오)
기준주가(원)	72,910	-
본질가치(원)	-	113,429
자산가치(원)	35,147	6,472
수익가치(원)	-	184,734
합병가액/1주(원)	72,910	113,429
합병비율	1	1.55

[우회상장 해당 여부(코스닥시장 규정)]

구분	해당 여부	합병법인의 최대 주주명		
		변경 전	변경 후	관계
합병으로 비상장회사 최대 주주가 상장회사 최대 주주가 되는지 여부	예	이재웅	김범수	합병 대상 비상장회사의 최대 주주

유용한
자금 조달 수단,
CB·BW·EB
완전정복

웅진그룹이
1조 6000억 원의 빚을 내가며
되찾고 싶었던 것

●●● 웅진그룹은 2019년 3월 사모펀드 MBK파트너스로부터 (주)코웨이를 인수했습니다. 지분 25%를 매입하는데 1조 9000억 원을 투입했습니다. 코웨이는 원래 웅진그룹 계열사(웅진코웨이)였습니다. 2013년 그룹 전체가 자금난에 빠졌을 때 사모펀드에 팔렸었지요.

윤석금 회장은 그룹 사정이 조금 나아지자 회사를 되찾으려 노력했습니다. 한국투자증권 등 금융회사들로부터 1조 1000억 원을 인수금융으로 빌렸습니다. 아울러 한국투자증권을 상대로 5000억 원의 회사채도 발행했습니다. 1조 9000억 원이 들어가는 M&A에서 1조 6000억 원의 빚을 낸 거지요.

불과 몇 달 뒤 웅진그룹은 코웨이를 다시 토해내야 했습니다. 웅진에너지가 법정관리에 들어가는 등 그룹 전체 자금 사정이 어려워지자 재매각을 결정한 겁니다. 코웨이는 2019년 12월 다시 넷마블에 넘어갔습니다.

[웅진그룹의 (주)코웨이 인수]

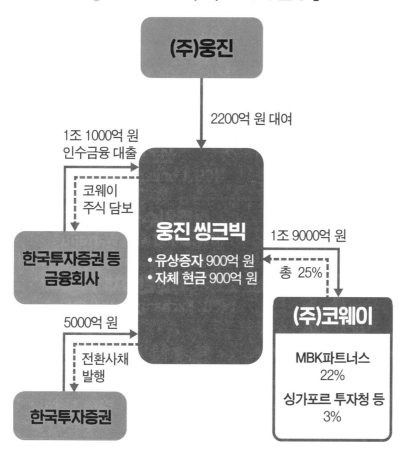

(주)웅진

2200억 원 대여

1조 1000억 원
인수금융 대출

코웨이
주식 담보

한국투자증권 등
금융회사

웅진 씽크빅
• 유상증자 900억 원
• 자체 현금 900억 원

1조 9000억 원

총 25%

(주)코웨이

MBK파트너스
22%

싱가포르 투자청 등
3%

5000억 원

전환사채
발행

한국투자증권

웅진그룹이 코웨이 인수 자금 때문에 발행했던 회사채는 이른바 전환사채
(CB: Convertible Bond)라고 하는 것입니다. 회사 주가가 오르면 CB를 보유하
고 있는 투자자들은 사채 원금을 사채 발행 회사 주식으로 바꿔달라고 요청할
수 있습니다.

이렇게 주식과 연계된 회사채로는 CB 말고도 BW(신주인수권부사채), EB(교환
사채) 등이 있습니다.

2020년 3월 정기주주총회에서 두산중공업은 CB와 BW 발행 한도를 5000억 원
에서 2조 원으로 무려 네 배나 올리는 안건을 통과시켰습니다. 제일약품도 500
억 원에서 2000억 원으로 늘렸고요. 한국유니온제약이라는 회사는 10억 원에서
무려 100배나 늘어난 1000억 원으로 증액했습니다.

주식연계채권들은 왜, 어떤 조건과 구조로, 어떻게 발행되는 것일까요?

2020년 정기주주총회 주식연계채권 발행 한도 증액 사례

기업	내용	참고
두산중공업	CB, BW 발행 한도 5000억 원 ➡ 2조 원	
제일약품	CB, BW 발행한도 500억 원 ➡ 2000억 원	EB 발행 조항 신설 (한도 2000억 원)
한국유니온제약	CB, BW 발행 한도 10억 원 ➡ 1000억 원	
유유제약	CB, BW 발행 한도 300억 원 ➡ 1000억 원	
화이브라더스 코리아	CB, BW 발행 한도 100억 원 ➡ 200억 원	

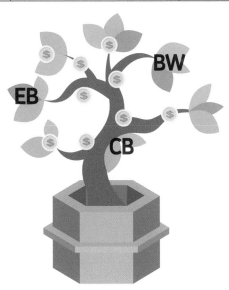

투자원금을 주식으로
전환할 권리를 주는 전환사채

●●● ㈜고칼로리가 투자자들을 대상으로 2018년 초 1억 원어치 회사채를 발행합니다. 만기가 3년이고 연이자율이 5%(연 1회 지급 가정)입니다. 1000만 원(회사채 권면금액 100만 원짜리 10장)을 투자한 달봉이는 해마다 50만 원의 이자를 받고, 2020년 말에는 원금 1000만 원을 회수하면 되지요. 물론 회사채 가격이 오른다면 만기가 되기 전에 팔아서 투자 차익을 얻을 수도 있습니다. 고칼로리가 회사채에 특별한 조건, 즉 투자자가 원할 경우 투자원금을 회사가 발행하는 신주로 갚겠다는 조건을 넣는다고 해봅시다. 예를 들어 달봉이가 "사채 원금 1000만 원을 안 받을 테니 그만큼 고칼로리 주식을 달라"고 요청할 수 있는 권리를 부여하는 겁니다.

주식을 주당 얼마에 발행해 줄지는 미리 정해놓아야겠지요. 전환가격이 주당 1만 원이라고 해 보지요. 달봉이는 투자원금 1000만 원에 대해 고칼로리 신주 1000주를 발행해 달라고 요구할 수 있습니다. 왜 달봉이는 원리금을 받지 않고 중간에 주식으로 전환할까요? 네, 그렇지요. 고칼로리의 주가가 1만 3000원이 되었기 때문입니다. 회사채 발행 당시 정해놓은 전환가격(1만 원)보다 주가가 많이 올랐습니다. 지금 사채 원금을 주식으로 전환하면 주당 3000원의 차익을 얻을 수 있지요.

이렇게 주식 발행과 연계된 회사채를 전환사채(CB; Convertible Bond)라고 합니다. CB는 만기 때까지 보유하면 정해진 원리금을 얻을 수 있습니다. 발행 회사의 주가 움직임을 봐가며 주식으로 전환해 주식 매각 차익을 노려볼 수도 있습니다. CB 가격 자체가 오르면 시장에서 팔아 채권 매각 차익을 얻을 기회도 있습니다.

회사채 1억 원 발행

- 만기 3년
- 연이자율 5%, 연 1회 지급

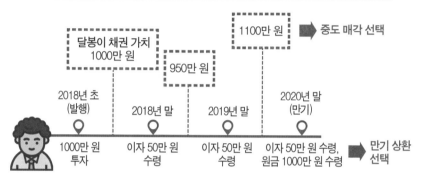

달봉이 채권 가치
1000만 원

950만 원

1100만 원 ➡ 중도 매각 선택

2018년 초
(발행)

2018년 말

2019년 말

2020년 말
(만기)

1000만 원
투자

이자 50만 원
수령

이자 50만 원
수령

이자 50만 원 수령,
원금 1000만 원 수령

➡ 만기 상환
선택

전환사채(CB) 1억 원 발행

- 만기 3년
- 표면이자 연5%, 연 1회 지급
- 전환가격 1만 원

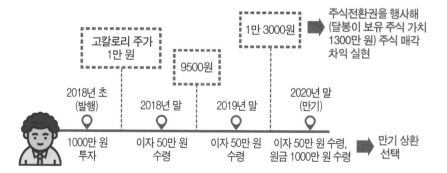

고칼로리 주가
1만 원

9500원

1만 3000원 ➡ 주식전환권을 행사해
(달봉이 보유 주식 가치
1300만 원) 주식 매각
차익 실현

2018년 초
(발행)

2018년 말

2019년 말

2020년 말
(만기)

1000만 원
투자

이자 50만 원
수령

이자 50만 원
수령

이자 50만 원 수령,
원금 1000만 원 수령

➡ 만기 상환
선택

표면이자는 뭐고,
만기이자는 뭐지?

●●●● 전환사채(CB)는 이자 지급 조건이 제각각입니다. 2019년 초 (주)고칼로리는 1억 원어치의 CB를 발행합니다. 2년 만기에 표면이자율이 6%, 만기이자율(만기보장수익률)이 10%라고 해 볼게요. 표면이자는 3개월마다 지급합니다. 달봉이가 이 CB에 1000만 원을 투자했습니다. 표면이자율 연 6%에 따라 3개월마다 이자를 받습니다. 연 이자가 60만 원이니까 3개월마다 받으면 15만 원(60만 원/4)입니다. 이렇게 만기(2019년 말)까지 2년 동안 '총 8회×15만 원=120만 원'을 표면이자로 받습니다. 그런데 이 CB의 만기이자율이 10%라고 했잖아요. 이 CB에 투자하면 총 10%의 수익(복리 기준)을 보장해 준다는 뜻입니다. 투자원금 1000만 원에 연복리 10%를 적용하면 이자가 총 210만 원이 되어야 합니다. 그런데 표면이자율 연 6%를 적용해 이미 120만 원을 지급했으니, 만기 때는 나머지 90만 원(210만 원-120만 원)을 이자로 더 지급합니다. 그래서 만기이자율은 '만기보장수익률'이라고도 합니다.

표면이자율 6%에 만기이자율(만기보장수익률)도 6%로 똑같으면 어떨까요? 2년간 표면이자로 120만 원을 지급하고, 만기 때 추가로 지급하는 이자는 없다는 겁니다. 표면이자율 0%에 만기이자율이 10%라면요? 3개월마다 정기적으로 지급하는 이자는 없습니다. 대신 만기 때 210만 원을 한 번에 지급한다는 것입니다. 표면이자율과 만기이자율 모두 0%라면요? 이 CB는 이자를 전혀 지급하지 않습니다. 이런 CB에 왜 투자할까요? 네. 주식 전환을 통한 차익을 노리겠다는 겁니다. 주가가 전환가격보다 더 높아질 것이라는 상당한 확신이 있다는 거지요.

전환사채(CB) 1억 원 발행

- 2019년 초 발행   • 만기 2년
- 표면이자 3개월마다 지급

[표면이자율 6%, 만기이자율 10%]

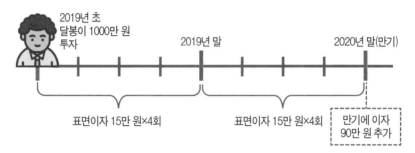

2019년 초
달봉이 1000만 원
투자

2019년 말

2020년 말(만기)

표면이자 15만 원×4회

표면이자 15만 원×4회

만기에 이자
90만 원 추가

[표면이자율 6%, 만기이자율 6%]

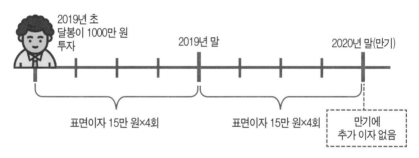

2019년 초
달봉이 1000만 원
투자

2019년 말

2020년 말(만기)

표면이자 15만 원×4회

표면이자 15만 원×4회

만기에
추가 이자 없음

[표면이자율 0%, 만기이자율 0%]

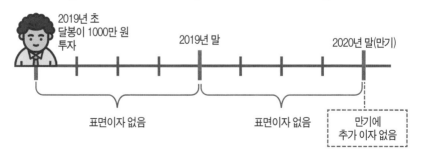

2019년 초
달봉이 1000만 원
투자

2019년 말

2020년 말(만기)

표면이자 없음

표면이자 없음

만기에
추가 이자 없음

주가 떨어질 때
전환가격은 어떻게 재조정할까?

●●● 금리 말고 전환사채(CB)에는 어떤 조건들이 붙을까요? CB는 아무에게나 투자 기회를 열어 주는 공모형과 발행 회사와 사전 협의한 특정 기관 및 개인에게 발행하는 사모형(투자자 49인 이하)으로 나눌 수 있습니다. CB는 사모형이 압도적으로 많습니다. 공모건 사모건 CB는 발행 기업 주가가 하락하면 전환가격을 낮춰주는 리픽싱(refixing) 조건이 붙어 있는 경우가 많습니다. 예를 들어 최초 발행할 때 전환가격이 주당 1만 원이라고 해도 주가가 계속 하락하면 8000원, 7000원으로 조정될 수 있습니다. 전환 기회를 자꾸 부여해 주는 것입니다. 리픽싱 한도는 최초 전환가격의 70%입니다(주주총회 특별결의를 거치면 액면가까지 낮출 수는 있습니다).

㈜고칼로리가 2019년 초 만기 2년짜리 CB를 발행했고(전환가격 1만 원), 이 CB는 발행 후 3개월마다 리픽싱이 가능하다고 해 보겠습니다. 발행 이후 첫 번째 전환가격 조정일(3월 31일)까지 평균 주가 흐름이 9000원이라면, 전환가격은 1만 원에서 9000원으로 낮춰집니다. 두 번째 가격 조정일(6월 30일)까지 주가가 계속 내려가 평균 주가 흐름이 8000원으로 산출되었다면 전환가격은 다시 8000원으로 조정됩니다. 그런데 이후 주가가 오름세를 탔습니다. 세 번째 전환가격 조정일(9월 30일)까지 평균 주가 흐름은 1만 1000원이 되었습니다. 그래도 전환가격이 높게 조정되지는 않습니다. 8000원이 그대로 유지되기 때문에 투자자들에게는 1만 1000원 안팎의 주식을 주당 8000원에 받을 기회가 생긴 거지요. 물론 평균 주가가 7000원 밑으로 떨어진다면 전환가격은 7000원까지만 조정되기 때문에 차익을 얻기는 어려워집니다.

전환사채(CB) 1억 원 발행

- 2019년 초 발행 • 만기 2년 • 전환가격 1만 원
- 리픽싱 전환가격 조정일 : 발행 이후 3개월마다
  (2019년 3월 31일, 6월 30일, 9월 30일, 12월 31일,
  2020년 3월 31일, 6월 30일, 9월 30일 총 7회)

[사례 1]

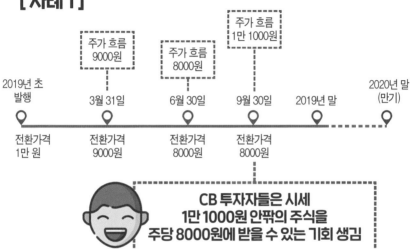

주가 흐름 9000원

주가 흐름 8000원

주가 흐름 1만 1000원

2019년 초 발행

3월 31일

6월 30일

9월 30일

2019년 말

2020년 말 (만기)

전환가격 1만 원

전환가격 9000원

전환가격 8000원

전환가격 8000원

CB 투자자들은 시세 1만 1000원 안팎의 주식을 주당 8000원에 받을 수 있는 기회 생김

[사례 2]

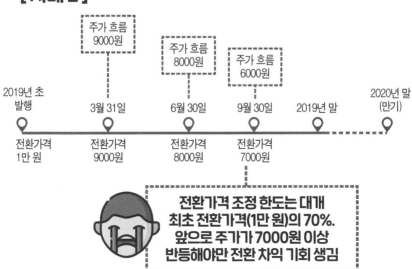

주가 흐름 9000원

주가 흐름 8000원

주가 흐름 6000원

2019년 초 발행

3월 31일

6월 30일

9월 30일

2019년 말

2020년 말 (만기)

전환가격 1만 원

전환가격 9000원

전환가격 8000원

전환가격 7000원

전환가격 조정 한도는 대개 최초 전환가격(1만 원)의 70%. 앞으로 주가가 7000원 이상 반등해야만 전환 차익 기회 생김

전환사채 콜옵션, 대주주가 가지는 게 요즘 트렌드?

●●● 전환사채(CB)는 일반 회사채에 비해 이자율이 낮은 편입니다. 주식전환권을 부여하기 때문이지요. 투자자들은 만기 원리금을 회수하기보다는 주식으로 전환해 매매 차익을 얻으려는 목적으로 CB에 투자합니다.

주가가 너무 부진하다 보니 리픽싱을 거쳐도 전환가격 아래에 머물러 있거나 회사의 원리금 상환 능력에 의문이 생긴다면 투자자는 불안해지겠지요. 그래서 대개의 CB는 투자자들이 회사 측에다 만기 전 취득, 즉 조기 상환을 요구할 수 있는 권리(풋옵션)를 부여합니다. 그래서 증시 폭락 또는 부진이 지속될 경우 풋옵션 행사가 증가합니다.

반대로 회사 측에 투자자 보유 CB를 조기 취득할 수 있는 권리(콜옵션)를 부여하는 경우도 있습니다. 회사는 채무를 줄여 재무 구조를 개선하기 위해, 또는 지배력 강화를 위해 콜옵션을 행사하기도 합니다.

콜옵션	풋옵션
특정한 자산을 만기일이나 만기일 이전에 미리 정한 가격으로 '살 수 있는' 권리	특정한 자산을 만기일이나 만기일 이전에 미리 정한 가격으로 '팔 수 있는' 권리

[(주)고칼로리 전환사채(CB) 투자자 풋옵션]

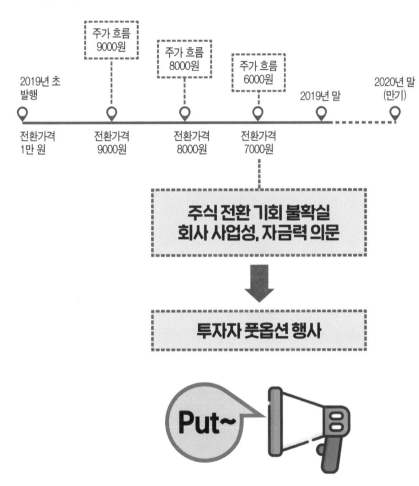

예를 들어보겠습니다. (주)고칼로리가 사모로 CB 20억 원(전환가격 1만 원)을 발행했습니다. A자산운용사가 10억 원, B자산운용사가 10억 원어치 CB를 인수합니다.

이 CB에 풋옵션과 콜옵션이 있다고 해 봅시다. 콜옵션은 꼭 회사에만 부여되는 건 아닙니다. 회사의 최대 주주나 임직원에게 부여할 수도 있고, '미래(콜옵션 행사 시점)에 회사가 지정하는 제3자'로 할 수도 있습니다.

고칼로리와 투자자(자산운용사)가 맺은 계약에서 고칼로리의 최대 주주인 김먹성 대표에게 각 투자자가 보유한 CB의 50%에 대한 콜옵션이 부여됐다고 해 보지요. 김 대표는 콜옵션을 행사해 총 10억 원의 CB(A사 5억 원, B사 5억 원)를 매입할 수 있습니다. 콜옵션을 행사할 때는 대개 원금에 복리이자를 적용합니다.

콜옵션을 행사하는 주체가 회사 최대 주주라면, 나중에 주가가 오를 경우 주식으로 전환해 매매 차익을 보려는 목적보다는 지분율을 높여 지배력을 강화하려는 목적이 강하겠네요.

투자자가 풋옵션을 행사해 조기 상환을 받을 때는 원금만 돌려주는 경우도 있지만, 대개 조기 상환 시점까지의 만기이자율을 적용해줍니다.

[전환사채(CB) 발행회사 측 콜옵션]

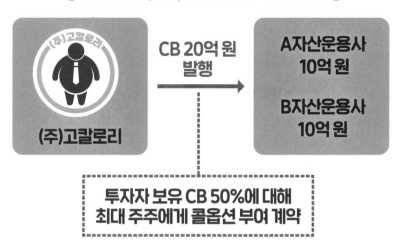

(주)고칼로리 → CB 20억 원 발행 → A자산운용사 10억 원 / B자산운용사 10억 원

투자자 보유 CB 50%에 대해 최대 주주에게 콜옵션 부여 계약

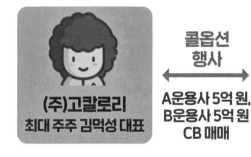

(주)고칼로리 최대 주주 김먹성 대표 ← 콜옵션 행사 / A운용사 5억 원, B운용사 5억 원 CB 매매 → A자산운용사 10억 원 / B자산운용사 10억 원

Call~

전환사채와 신주인수권부사채 차이점, 한 방에 정리!

●●● BW(Bond with Warrant)는 '신주인수권증서(워런트)'가 붙은 사채라고 해서, 신주인수권부(附)사채라 부릅니다. 전환사채(CB)의 전환가격과 같은 행사가격이 발행 당시 정해져 있습니다. 주가가 행사가격보다 높을 경우 회사에 신주 발행을 요구해 차익을 얻을 수 있습니다.

그렇다면 BW는 CB와는 어떤 차이가 있을까요?

㈜삼겹살이 2년 만기 공모 BW 1억 원을 발행했습니다. 표면이자율 5%, 만기이자율 8%, 워런트 행사가격은 1만 원입니다.

달봉이가 이 BW에 1000만 원을 투자했습니다. 확보한 워런트는 1000개(1000만 원/1만 원=1000주)입니다.

삼겹살 주가가 1만 5000원이 되었고, 달봉이는 워런트를 전량 행사했습니다. 즉 달봉이가 삼겹살 신주를 주당 1만 원에 1000주 사들였다는 이야깁니다. 이때 달봉이는 높은 이자를 받을 수 있는 사채권은 그대로 유지하면서, 워런트 행사에 따른 신주 대금 1000만 원을 회사에 따로 납입해도 됩니다. 이렇게 해 배정받은 주식을 매각하면 500만 원(1500만 원-1000만 원)의 차익을 얻겠지요.

신주인수권부사채(BW) 1억 원 2019년 초 발행

- 만기 2년
- 표면이자율 연 5%, 만기이자율 8%
- 워런트(신주인수권) 행사가격 1만 원

주가 흐름
1만 5000원

2019년 초
발행

2019년 말

2020년 말
(만기)

1000만 원 투자
워런트 1000개 확보

행사가격 1만 원

달봉이의 선택은?

- 사채권(투자원금) 유지
➡ 이자는 계속 수령
- 워런트 1000개 전량 행사
➡ 신주 대금 1000만 원
   (따로 납입 가능)

OR

| 공모 BW의 경우 |
- 사채권(투자원금) 유지
➡ 이자는 계속 수령
- 워런트 개당 5000원
   안팎에 매매

CB는 주식전환권을 행사하면 사채 투자원금이 자동 납입되므로, 사채권이 소멸합니다. 하지만 BW는 신주 대금을 현금으로 납입하고 사채권을 유지하는 것이 가능합니다. 물론 사채 투자원금을 신주 대금으로 대체 납입할 수도 있습니다.

한편, BW는 워런트만 따로 떼어 거래하는 것이 가능합니다.

예를 들어 ㈜삼겹살 주가가 1만 5000원이고, 워런트 행사가격이 1만 원이라면 이 워런트는 차액인 5000원 안팎의 가치를 지닙니다. 회사 주가가 1만 7000원, 1만 8000원까지 오를 것으로 예상된다면 워런트는 5000원보다 높은 가격에 거래될 수 있겠지요.

다만 이러한 워런트 분리 거래는 공모 BW만 가능합니다(공모 BW에는 비분리형도 있습니다). 공모 분리형 BW는 워런트를 증권시장에 상장해 따로 거래할 수 있습니다. 사모 BW는 아예 워런트를 분리해 거래할 수 없어서, 사모 방식으로는 비분리형 BW만 발행할 수 있습니다.

[신주인수권부사채(BW)와 전환사채(CB)의 차이점]

BW CB

	신주인수권부사채(BW)	전환사채(CB)
금리	일반 회사채보다는 일반적으로 낮은 편임	
권리	• 워런트(신주인수권)를 행사할 경우 사전에 정한 행사가격으로 신주를 살 수 있음	• 주식전환권을 행사할 경우 사전에 정한 전환가격으로 신주를 살 수 있음
신주 대금	• 사채권을 유지하면서 신주 대금을 따로 납입할 수 있음 • 사채 원금을 신주 대금으로 납입할 수도 있음(사채권 소멸)	• 사채 원금을 신주 대금으로 자동 납입하기 때문에 사채권은 무조건 소멸함
신주인수권 분리 여부	• 공모 분리형 BW의 경우에만 워런트를 따로 거래할 수 있음 • 공모 비분리형 BW나 사모 BW는 워런트만 따로 거래 불가능	• 해당 없음

[사모 신주인수권부사채(BW)]

	구분	가능 여부
신주 대금	따로 현금으로 납입	○
	사채권(투자원금)으로 대체	○
워런트(신주인수권)	사채권과 분리해서 거래	×

콜·풋옵션과 리픽싱이
가능한 EB,
CB·BW와 무엇이 다를까?

●●● 주식연계채권 가운데 교환사채(EB; Exchangeable Bond)도 있습니다.

㈜고칼로리는 자기주식(자사주) 외에 ㈜족발, ㈜순대, ㈜막창 등의 지분을 보유하고 있습니다. 회사채 1억 원을 발행하면서 나중에 원할 경우 투자원금을 ㈜족발 주식으로 바꿔주겠다는 조건을 내겁니다. 이때 교환가격을 정해야 하는데요. 족발 주식을 주당 1만 원에 교환해 준다고 합시다.

달봉이는 이 회사채에 1000만 원을 투자했습니다. 족발 주식 1000주(1000만 원/1만 원)를 교환할 권리를 확보한 거지요.

달봉이는 정해진 이자를 받다가 족발 주가가 1만 5000원이 되었을 때, 족발 주식으로 교환을 요구합니다. 달봉이는 사채원금 1000만 원 대신 족발 주식 1000주를 받아서 500만 원의 차익을 얻을 수 있습니다.

고칼로리가 보유한 다른 회사의 주식 말고 자기주식도 교환대상(교환 기초 자산)이 될 수 있습니다.

교환사채(EB; Exchangeable Bond) :
사채+주식교환요구권

교환사채(EB) 발행

- 만기 2년 • 표면이자율 3%, 만기이자율 5%
- 교환대상 주식 : (주)족발 1만 주 • 교환가격 : 1만 원

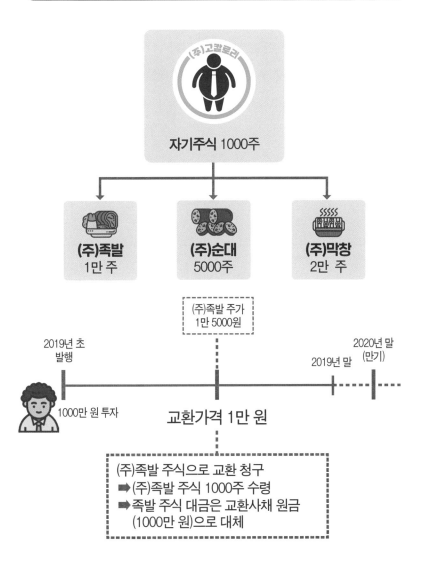

(주)고칼로리
자기주식 1000주

(주)족발
1만 주

(주)순대
5000주

(주)막창
2만 주

(주)족발 주가
1만 5000원

2019년 초
발행

1000만 원 투자

2019년 말

2020년 말
(만기)

교환가격 1만 원

(주)족발 주식으로 교환 청구
➡ (주)족발 주식 1000주 수령
➡ 족발 주식 대금은 교환사채 원금
　(1000만 원)으로 대체

CB, BW는 투자자가 원할 경우 회사 신주를 발행해 줘야 하는데, EB는 보유하고 있던 자기주식을 활용할 수 있습니다. CB나 BW 때문에 신주를 많이 발행하면 주당 가치가 떨어져 주가가 하락할 수 있습니다. EB도 회사가 보유한 자기주식이 유통 물량화된다는 측면에서 주가에 부담되기는 하지만, 신주가 아니라 상대적으로 부담이 덜한 편입니다. EB 역시 교환대상 주식의 주가 흐름에 따라 리픽싱 조건이 붙는 경우가 있고, 풋옵션이나 콜옵션이 부여되기도 합니다.

가장 많이 발행되는 주식연계채권은 CB입니다. 주식 전환시 사채 원금이 신주 대금으로 대체되기 때문에 간편합니다. 대주주가 콜옵션을 가지는 조건으로 발행하면 대주주 지분이 희석되는 효과도 감소시킬 수 있지요. BW 발행은 기업들이 상대적으로 덜 선호합니다. EB는 교환대상 주식이 충분한 기업만 발행할 수 있기 때문에 흔하지 않습니다.

[주식연계채권의 매력도]

투자자 입장에서 가장 매력적인 회사채는
신주인수권부사채(BW)지요.
채권 이자와 주가 차익을 동시에 노려볼 수 있고,
공모 분리형 BW라면 사채와
워런트를 따로 거래할 수 있으니까요.

투자자

회사 입장에서 가장 매력적인 회사채는
전환사채(CB)입니다.
신주 발행 부담이 있기는 하지만
투자자가 주식으로 전환하면 바로
부채(CB 투자원금)가 없어져 상환 부담에서
해방될 수 있기 때문입니다.

회사

서진시스템 CB에는 왜 리픽싱 조건이 없을까?

●●● 주식연계채권은 코스닥 상장기업의 유용한 자금 조달 수단입니다. 신용도나 재무 구조가 우량하지 못한 기업도 주식연계채권을 발행해 자금 조달에 성공하는 경우가 많은데요. 채권 자체가 지닌 투자 매력 때문입니다. 실제 기업들이 어떤 목적과 조건으로 주식연계채권을 발행하는지, 투자자나 주주에게 어떤 영향을 미치는지 다양한 사례를 살펴보겠습니다.

통신 및 반도체장비 업체 ㈜서진시스템은 2020년 3월 4회차 사모 CB 300억 원, 4월 5회차 사모 CB 600억 원 등 CB로 총 900억 원(만기 5년)을 조달했습니다. 표면이자율과 만기이자율이 각각 2.5%로 같습니다. 이자는 발행일로부터 3개월마다 지급합니다. 전환가격은 2만 9000원으로, 최근 주가 흐름에 따라 기준주가를 산출한 뒤 12.8%를 할증했습니다. 전환가격은 회사의 증자, 감자, 합병 등 총발행주식수 변동에 따라 상향 또는 하향 조정됩니다. 이것은 어느 CB나 똑같습니다. 서진시스템은 주가 하락에 따른 리픽싱은 하지 않기로 했습니다.

4, 5회차 모두 투자회사들이 CB를 인수했습니다. 5회차의 경우 이 회사 대주주인 전동규 대표도 300억 원어치 인수했습니다. 회사 대주주는 투자자와 콜옵션 계약을 맺고 주가 흐름을 봐 가면서 CB를 확보할 수도 있습니다. 그러나 서진시스템처럼 대주주이자 최고경영자가 발행 단계에서 거액의 CB 인수에 직접 참여하는 것은 회사 성장성에 대한 자신감으로 해석될 수 있습니다. 리픽싱이 없으면 주가 하락시 투자자가 풋옵션을 행사할 가능성이 커집니다. 이 회사 CB에 리픽싱 조건이 없다는 점도 미래 주가에 대한 자신감으로 해석될 수 있겠네요.

[(주)서진시스템 전환사채(CB) 발행]

구분	4회차	5회차	참고
발행 방식	무보증 사모	무보증 사모	
발행일	2020년 3월 31일	2020년 4월 2일	만기 5년
금액	300억 원	600억 원	
용도	베트남 시설투자 및 운영자금 (원자재 구매 등)		
표면이자율	2.5%	2.5%	
만기이자율	2.5%	2.5%	
전환가격	2만 9000원	2만 9000원	기준주가 산출 뒤 12.8% 할증
풋옵션	○	○	
콜옵션	×	×	
주가 연동 리픽싱	×	×	
투자자	투자회사 2곳	투자회사 2곳 300억 원, 전동규 대표(대주주) 300억 원	

대박 조짐 수젠텍 CB 투자자, 9월 말까지 가슴 졸이는 까닭

●●● 체외진단기기 업체 수젠텍은 2019년 9월 100억 원의 제1회차 사모 CB(만기 5년)를 발행했습니다. 자금 용도는 혈액 기반의 결핵 진단키트 연구개발 및 글로벌 임상비용이었지요. 투자자는 14곳의 금융회사(사모펀드 등)였습니다.

발행 당시 정한 전환가격은 6320원. 이후 주가 하락으로 첫 번째 전환가격 조정 가능일인 2019년 12월 23일 전환가격이 5830원으로 조정되었습니다. 2020년 들어 코로나19 사태가 터진 이후 이 회사가 진단키트를 개발한 것으로 알려지면서 주가는 계속 급등했습니다. 3월 말 현재 2만 1000원대까지 오른 상태입니다.

주식 전환 가능 기간이 2020년 9월 24일~2024년 8월 23일까지라 당장 주식으로 전환할 수는 없지만, 현재 주가가 그대로 유지되기만 해도 주당 1만 5170원(2만 1000원-5830원)의 차익을 기대할 수 있습니다. 투자원금이 100만 원이라면 171주(100만 원/5830원)로 전환할 수 있고, 259만 원 정도의 차익을 얻을 수 있다는 이야기입니다. 단순 계산으로 약 160% 수익이 가능합니다. 업계에서는 코로나19 사태가 전 세계적으로 확산되는 추세라 진단키트 사업에서 수출 등으로 실적이 크게 좋아진다면 주가는 더 오를 것으로 예상합니다.

이 CB의 표면이자율과 만기이자율은 모두 0%입니다. 만기이자율까지 0%라는 것은 오로지 주가 상승에만 베팅한다는 이야기입니다. 예상은 적중한 셈입니다. 이 CB에는 풋옵션과 콜옵션이 모두 부여되었습니다. 콜옵션 권리자는 손미진 대표(대주주)와 특수관계인 14명, 그리고 손 대표가 미래에 지정하는 사람으로 정해졌지요. 이들이 투자자로부터 매입할 수 있는 CB는 총 35억 원인데, 거래가격은 투자원금에 연 1.5% 복리가 적용됩니다.

[수젠텍 100억 원 규모 전환사채(CB) 발행]

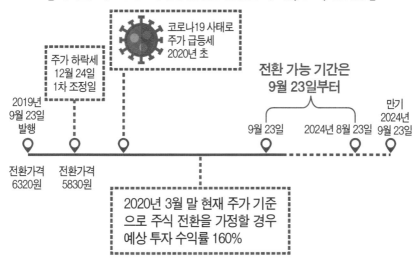

코로나19 사태로
주가 급등세
2020년 초

주가 하락세
12월 24일
1차 조정일

전환 가능 기간은
9월 23일부터

2019년
9월 23일
발행

만기
2024년
9월 23일

9월 23일   2024년 8월 23일   9월 23일

전환가격   전환가격
6320원   5830원

2020년 3월 말 현재 주가 기준
으로 주식 전환을 가정할 경우
예상 투자 수익률 160%

[수젠텍 주가 흐름]

단위 : 원

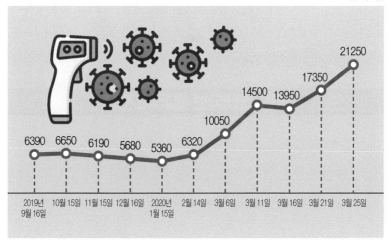

21250

17350

14500   13950

10050

6390   6650   6190   5680   5360   6320

2019년   10월 15일   11월 15일   12월 16일   2020년   2월 14일   3월 6일   3월 11일   3월 16일   3월 21일   3월 25일
9월 16일   1월 15일

만기 전에 CB를 대량으로
되사야 했던 엠젠플러스

●●● 보안장비업체 ITX엠투엠이 2020년 6월 초 발행한 4회 사모 CB(100억 원, 3년 만기)는 표면이자율이 2%, 만기이자율이 4%입니다. 만기 때 추가 이 자가 더 지급된다는 이야기입니다. 발행일로부터 1년 되는 날(2021년 6월 초) 및 그 후 매 3개월째 되는 날(9월 초, 12월 초, 2022년 3월 초, 6월 초 등)을 풋옵션 대금 지급일(조기상환금 지급일)로 정해놓았습니다. 이날 회사가 투자자에게 조기상환금을 준다는 말입니다. 따라서 풋옵션 행사 의사가 있는 투자자는 이 날짜가 되기 전(대개 1~2개월 전)에 회사 측에 통보해야 합니다.

CB 발행 계약서에는 기한이익상실(채권 만기 전 회수) 조항이 들어가는 경우가 많습니다. 예를 들어 발행회사의 회생 절차 개시(법정관리) 신청, 사채 이자 지 급 연체, 회사 보통주의 관리종목 지정, 회계 감사의견 '비적정' 판정, 신용등급 하락 등 이벤트가 발행하면 투자자가 즉시 CB 상환을 요구할 수 있다는 내용 입니다. 미전환 CB 금액이 많은 기업이 기한이익상실에 걸리고 채권자와 상환 일정 조정 등 협의가 원만하게 진행되지 않으면 자금난에 봉착할 수 있습니다. 바이오시밀러 회사 폴루스바이오팜은 회계 감사 결과 비적정 의견을 받아 기한이익상실에 걸렸습니다. 이후 자금 부족으로 CB 조기 상환 요구에 응하 지 못하다가 결국 회생 절차 개시(법정관리)를 신청했습니다. 전자부품 및 바 이오(이식용 장기 개발) 업체인 엠젠플러스도 증권선물위원회로부터 회계 기 준 위반에 따른 검찰 통보 및 감사인 지정, 과징금 부과 등 중징계를 받아 주 식 거래가 정지되었습니다. 기한이익상실 사유가 발생해 130억 원 규모의 CB 를 조기 상환해야 했고, 코스닥 시장에서 퇴출될 위기에 처해 있습니다.

[사채 기한이익상실 주요 사례]

- 파산 또는 회생절차 개시(법정관리) 신청
- 어음 부도 처리, 은행 당좌거래 정지 등
- 사채 이자 지급 연체
- 자본완전잠식
- 회사 주요 사업 부문의 영업 중단
- 다른 사채 또는 채무에서 기한이익상실이 선행 발생
- 「기업 구조 조정 촉진법」상 부실 징후 기업 지정 또는 채권단 공동 관리기업 지정 등
- 상장폐지 사유 발생 또는 상장폐지 실질 심사 개시
- 발행회사 보통주식 관리종목 지정
- 최대주주 또는 경영권 변동
- 회계 감사의견 및 검토의견 비적정
- 과다한 공시 위반(최근 1년 누계벌점 10점 초과)

자본완전잠식,
상장폐지,
관리종목 지정
...

[(주)엠젠플러스 전환사채(CB) 만기 전 취득 사례]

구분	14회 CB	16회 CB	18회 CB
발행 방식	사모	사모	사모
만기 전 취득금액	15억 원	71억 원	55억 원
취득 후 처리 (예정)	소각 또는 재매각	소각 또는 재매각	소각 또는 재매각
취득자금 원천	자기자금	자기자금	자기자금과 차입금
만기 전 취득 사유	기한이익상실	채권자와 협의 취득	기한이익상실
취득일	2019년 12월 20일	2019년 12월 16일	2019년 12월 20일
CB 만기	2021년 5월 31일	2021년 11월 27일	2022년 6월 7일

서울제약, 비즈니스온의 M&A에 요긴하게 활용된 CB

●●●● 사모펀드운용사 큐캐피탈파트너스가 2020년 3월 서울제약을 인수했습니다. 이 운용사가 조성한 사모펀드(사모합작투자회사)가 서울제약 최대 주주인 황우성 회장과 특수관계인 지분 45%를 450억 원에 인수했지요.

아울러 사모펀드는 회사가 발행하는 150억 원 규모의 5년 만기 전환사채(CB)를 인수한다고 공시했습니다. 운영자금을 지원하면서 앞으로 지분을 더 늘릴 기회를 만든 것입니다. 전환가격 6830원에 주식으로 전환하면 서울제약 지분 26%를 추가로 확보할 수 있습니다.

이처럼 CB는 인수합병(M&A)에서도 요긴하게 활용됩니다. 인수자가 인수할 기업 대주주의 지분을 매수하면 회사로 유입되는 신규 자금 없이 대주주만 바뀝니다.

이때 새로운 대주주가 CB를 매입해 투입하는 자금은 사업 경쟁력을 높이는 재원으로 쓰일 것이고, 그 수혜를 대주주와 일반 주주가 함께 누릴 수 있다는 기대가 커질 것입니다.

[큐캐피탈 사모펀드(사모투자합작회사)의 서울제약 인수]

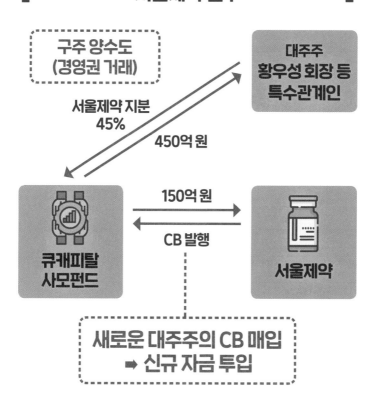

구주 양수도
(경영권 거래)

대주주
황우성 회장 등
특수관계인

서울제약 지분
45%

450억 원

150억 원

CB 발행

큐캐피탈
사모펀드

서울제약

새로운 대주주의 CB 매입
➡ 신규 자금 투입

사모펀드운용사 프랙시스캐피탈파트너스(이하 프랙시스)가 전자세금계산서 서비스업체 비즈니스온커뮤니케이션(이하 비즈니스온)을 인수한 과정도 그런 사례입니다.

프랙시스가 조성한 사모펀드는 2019년 9월 비즈니스온 대주주 등으로부터 지분 36%를 인수했습니다. 그리고 비즈니스온이 발행한 CB 100억 원과 신주인수권부사채(BW) 100억 원 등을 매수해 총 200억 원의 자금을 지원했습니다.

흔하지는 않지만 CB가 인수 대금 지급용으로 활용되기도 합니다. 교육기자재 전문기업 코너스톤네트웍스(옛 이디)가 5G 광통신 기자재업체 티디아이 주식 100%(240억 원)를 인수할 때, 주주들에게 CB를 발행해 주었습니다. 인수 대금을 코너스톤네트웍스 CB로 지급한 셈입니다.

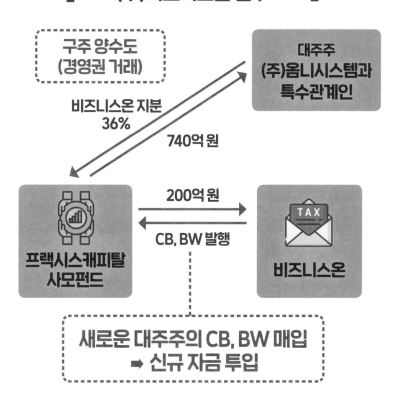

프랙시스캐피탈 사모펀드의 (주)비즈니스온 인수

구주 양수도 (경영권 거래)

대주주 (주)옴니시스템과 특수관계인

비즈니스온 지분 36%

740억 원

프랙시스캐피탈 사모펀드

200억 원

CB, BW 발행

비즈니스온

새로운 대주주의 CB, BW 매입 ➡ 신규 자금 투입

서울리거 공모 BW의 인기 비결, 워런트 분리 거래

●●● 사실 신주인수권부사채(BW)는 전환사채(CB)와 대동소이합니다. BW는 리픽싱, 풋옵션, 콜옵션, 기한이익상실, 이자율(표면, 만기) 등의 조건이 제각각 들어가고요. 크게 사모와 공모 두 가지로 나뉩니다. 워런트(신주인수권)를 행사할 경우 사채권을 그대로 유지한 채 신주 인수 대금을 따로 현금 납입할 수 있다는 점에서 CB와 차이가 있습니다. 공모 BW 중에서 분리형에 한해서 워런트만 따로 거래하는 것도 가능합니다. 공모 분리형 BW의 경우 워런트가 증시에 상장됩니다. 사모 BW는 워런트만 별도로 거래할 수 없습니다.

병원 경영 지원 서비스 및 헬스케어 업체인 서울리거는 2020년 2월 200억 원 규모의 3년 만기 공모 BW를 발행했습니다. 과거 발행했던 CB 조기 상환과 회사 운영 자금 마련용이었습니다. 표면이자율 2%, 만기이자율 4%입니다. 풋옵션만 있고 콜옵션은 없습니다. 워런트 행사가격(신주 발행가격)은 최근 주가 흐름으로 산출한 주당 1418원으로 정해졌습니다.

이 BW에 100만 원을 투자하면 워런트 705개(100만 원/1418원=705주)를 확보할 수 있습니다. 그러나 이것은 어디까지나 청약대금만큼 BW가 배정되는 상황에 해당합니다. 서울리거 BW 공모 청약에는 820억 원의 자금이 몰렸습니다. 말하자면 경쟁률이 4대 1에 달했기 때문에, 100만 원을 청약하면 25만 원만큼의 BW를 배정받게 됩니다.

200억 원 규모 BW는 신주 1410만 4372주, 주식 총수 대비 42%에 달하는 물량이므로, 대주주 입장에서 지나친 지분 희석을 방어하려면 공모에 참여할수밖에 없습니다. 이 회사 대주주는 약 7억 원 상당의 BW를 배정받았습니다.

[신주인수권부사채(BW)의 워런트를 행사할 때] 신주 대금 납입 방식

[공모 분리형 BW]

[사모 BW, 공모 비분리형 BW]

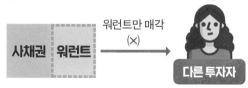

JW홀딩스가 EB 교환가격을 네 번이나 내린 사연

●●● 중외제약그룹의 지주회사인 JW홀딩스는 2016년 9월 자회사인 JW중외제약 주식을 교환대상으로 해 4회 및 5회 사모 교환사채(EB) 770억 원(만기 5년)을 발행했습니다. EB는 투자자가 원할 경우 사채 원금을 교환대상 주식으로 바꿔주기로 약속한 회사채입니다.

JW중외제약 주식의 최초 교환가격은 7만 2400원이었습니다. 회사 주가가 이보다 높을 때 투자자는 사채 원금을 주식으로 교환해 차익을 얻을 수 있겠지요. 교환가격은 이후 네 번에 걸쳐 하락 조정되었습니다. 세 번은 JW중외제약의 무상증자 때문이었습니다. 증자로 발행주식수가 증가해 주당 가치가 하락함에 따른 조정이었지요. 나머지 한번은 주가 하락에 따른 리픽싱이었습니다. 결과적으로 2019년 초까지 교환가격은 5만 8008원으로 떨어졌습니다. 그러나 JW중외제약 주가는 교환가격 아래에서 계속 지지부진했습니다. 투자자들은 풋옵션 행사 가능 시기가 도래하자 조기 상환을 요구하기 시작했습니다. JW홀딩스는 2019년 3월 41억 원, 6월 220억 원, 9월 140억 원을 투자자들에게 돌려줘야 했습니다. 이렇게 조기 상환하면 예탁되어있던 JW중외제약 주식은 다시 JW홀딩스로 돌아옵니다.

한편, 회사가 EB를 발행할 때 자기주식을 교환대상으로 하면 EB 발행 공시와 함께 자기주식 처분 공시도 함께 제출해야 합니다. 자기주식이 최종적으로 투자자에게 넘어갈지 아닐지 발행 시점에는 알 수 없습니다. 하지만 일단 자기주식이 교환대상으로 예탁되었기 때문에 처분 공시를 한다는 이야기입니다.

[JW홀딩스의 교환사채(EB) 발행과 교환가격 조정, 조기 상환]

교환대상 : JW중외제약 주식

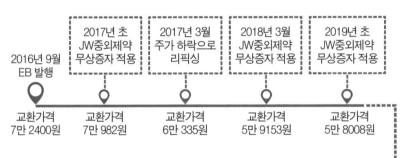

2016년 9월 EB 발행	2017년 초 JW중외제약 무상증자 적용	2017년 3월 주가 하락으로 리픽싱	2018년 3월 JW중외제약 무상증자 적용	2019년 초 JW중외제약 무상증자 적용
교환가격 7만 2400원	교환가격 7만 982원	교환가격 6만 335원	교환가격 5만 9153원	교환가격 5만 8008원

투자자 풋옵션 행사(400억 원)
➡ JW중외제약 주식교환 예탁 해지

2019년 3월   2019년 9월   2021년 9월 만기

CHAPTER
06

성장세에
날개를 달아줄까?
IPO와 상장

교보생명 회장과 사모펀드의
2조 원대 풋옵션 소송

●●● 2012년 대우인터내셔널(현 포스코인터내셔널)은 교보생명 지분 24%를 매각하려 합니다. 이 지분이 누군가에게 넘어가면 교보생명 경영권에 위협이 될 수 있었습니다. 홍콩계 사모펀드 어피너티에쿼티파트너스가 교보생명의 우군으로 등장합니다. 어피너티컨소시엄은 경쟁입찰을 거쳐 대우인터내셔널이 보유한 교보생명 지분을 1조 2054억 원(주당 24만 5000원)에 인수합니다. 이때 교보생명의 대주주인 신창재 회장은 어피너티 측과 주주 간 계약을 맺습니다. 2015년 9월까지 교보생명이 IPO(Initial Public Offering, 기업공개)를 성공시키지 못하면 어피너티의 지분을 되사주겠다는 약속이지요.

IPO는 기업 주식을 증권시장에 상장시키기 위한 절차입니다. 일반 투자자를 대상으로 신주를 공모하거나 기존 주주가 가진 주식(구주)을 공모 매각해 기업을 공개하는 것입니다. 어피너티 측은 IPO 때 지분을 팔아 투자금을 회수하려 한 것이지요. 정해진 시한을 한참 넘겼는데도 교보생명이 IPO 되지 않자 어피너티 측은 2018년 10월 신 회장을 상대로 풋옵션을 행사합니다. 행사가격은 당시 딜로이트회계법인이 평가한 주당 가치 40만 9000원을 적용해 총 2조 원입니다. 신 회장 측이 주주 간 계약의 부당성과 무리한 가치평가 문제를 제기하자, 어피너티 측은 국제중재소송으로 맞섰습니다. 2020년 6월 현재 소송은 진행 중입니다.

IPO는 이렇게 재무적 투자자(FI; Financial Investor)의 투자금 회수 장치가 되기도 합니다. 비상장기업은 대개 신주 공모로 자금을 조달해 회사를 성장시키기 위해 IPO를 합니다.

[신창재 회장과 어피너티 주주 간 계약]

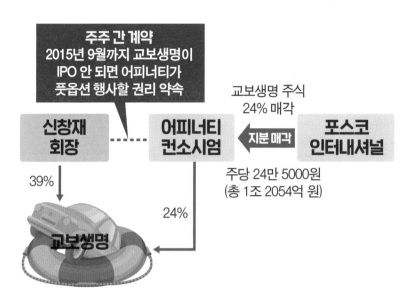

주주 간 계약
2015년 9월까지 교보생명이
IPO 안 되면 어피너티가
풋옵션 행사할 권리 약속

신창재
회장

어피너티
컨소시엄

교보생명 주식
24% 매각

지분 매각

포스코
인터내셔널

주당 24만 5000원
(총 1조 2054억 원)

39%

24%

교보생명

[풋옵션 행사를 두고 신창재 회장과 어피너티 대립]

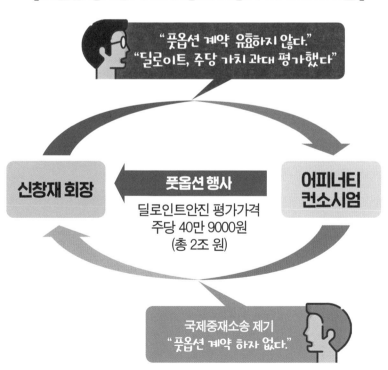

"풋옵션 계약 유효하지 않다."
"딜로이트, 주당 가치 과대 평가했다"

신창재 회장

풋옵션 행사

딜로인트안진 평가가격
주당 40만 9000원
(총 2조 원)

어피너티
컨소시엄

국제중재소송 제기
"풋옵션 계약 하자 없다."

IPO로 자금을 마련하는 방법

●●● 상장(上場, Listing)은 회사 주식(주권)을 증권시장(유가증권 또는 코스닥 시장 등)에서 거래할 수 있는 자격을 획득하는 것이라 할 수 있습니다. 자격을 얻는 큰 관문이 IPO입니다. IPO는 상장 전에 기업이 일반 투자자(기관투자자 포함)를 상대로 주식을 공개 매각하는 겁니다. 지분을 분산해 일반 투자자들에게 회사를 공개하는 거지요.

창업자 달봉이와 소수 특수관계인들이 ㈜고칼로리 발행주식 700주를 전부 가지고 있다 해 봅시다. 고칼로리가 IPO를 하면서 일반 투자자들을 대상으로 신주 300주를 공모하면(신주 모집), 달봉이와 특수관계인 지분율은 70%(700 주/1000주×100%), 일반 주주 지분율은 30%가 됩니다.

신주를 모집하지 않고 기존 주주의 지분만 공모 매각할 수도 있습니다. 예를 들어 기존 주주 A가 200주를 일반 투자자에게 매각(구주 매출)하면 총발행주식수는 변함이 없고 일반 주주 지분율(200주/700주×100%)은 29%쯤 될 겁니다. 신주 모집과 구주 매출을 병행할 수도 있습니다. 신주 200주 공모, 구주 100주 매각을 병행하면 총발행주식은 900주가 되고 일반 주주 지분율은 33%쯤(300주/900주×100%) 됩니다.

신주를 발행해야 회사로 들어오는 돈이 생깁니다. 구주 매각은 주주만 바뀔 뿐 회사로 들어오는 돈이 없습니다. IPO는 대개 투자자금을 마련해 회사를 키우려는 목적으로 합니다. 그러나 자금이 충분하고 총발행주식수가 증가하는 걸 원하지 않는 기업은 간혹 구주만 매각하는 경우도 있습니다. 기업 입장에서 상장기업이 되면 인지도가 높아지고, 자금 조달(유상증자, 회사채 발행 등)이 쉬워지는 장점이 있습니다.

[신주 발행 공모(모집)]

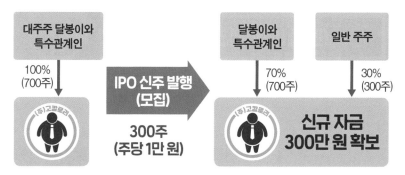

[구주 매각 공모(매출)]

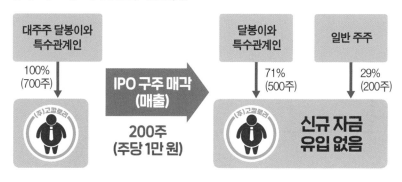

[신주 발행+구주 매출]

IPO 공모가격은
어떻게 결정할까?

●●● 신주 발행이나 구주 매각으로 주식을 공모하려면 당연히 '공모가격'을 결정해야 합니다. 법이나 규정에 딱 정해진 공모가격 산정 방법은 없지만, 가장 많이 사용되는 방법은 비교평가법입니다. 간단하게 예시해 보겠습니다.

PER(Price Earning Ratio, 주가수익비율)은 회사가 벌어들이는 이익 대비 주가가 몇 배인지를 나타내는 지표입니다. 주가(P)를 주당순이익(EPS; Earning Per Share)으로 나누면 됩니다. 간편하게 '시가총액/당기순이익'으로 구할 수도 있습니다. 상장기업 (주)항정살은 2019년 말 주가가 1만 원, EPS는 1000원입니다. 따라서 PER은 10입니다. 상장기업 (주)목살은 주가는 2만 원, EPS는 똑같이 1000원입니다. PER은 20이지요. 주당순이익에 비해 항정살 주가가 저평가되어 있거나 목살이 고평가되어있다고 말할 수 있겠지요.

여기 비상장기업 (주)삼겹살이 있고 공모가격을 산출하려 한다고 해 봅시다. 비교 대상으로 삼을 수 있는 유사 상장기업으로 항정살과 목살을 선정했습니다. 두 회사의 평균 PER은 (10+20)/2=15입니다. 삼겹살은 2019년 말 기준 당기순이익이 1억 원이고 발행주식수가 4만 주입니다. 그렇다면 EPS는 1억원/4만 주=2500원입니다. 여기에 비교 대상 기업의 평균 PER 15를 적용하면 삼겹살의 추정 주가는 2500원×15=3만 7500원이라 할 수 있습니다.

이것이 비교평가법입니다. 활용 지표로 PER을 주로 사용합니다. 그리고 여기서 다시 적절히 할인합니다. 예를 들어 삼겹살 추정주가에서 10~30% 정도 할인을 한다면 2만 6000원~3만 4000원이 됩니다. 이것을 회사(삼겹살)의 '희망 공모가격'이라고 합니다.

[비상장기업 (주)삼겹살의 희망 공모가격 산정 과정]

PER(Price Earning Ratio, 주가수익비율)
주당 순이익 대비 주가가 몇 배인지 나타내는 지표

$$\frac{주가}{주당순이익(EPS)} = \frac{시가총액}{당기순이익}$$

(주)항정살

2019년 말
- 주가 1만 원
- 주당순이익 1000원

PER 10

(주)목살

2019년 말
- 주가 2만 원
- 주당순이익 1000원

PER 20

**평균 PER 15 적용
(10+20)/2**

(주)삼겹살

2019년 말
- 당기순이익 1억 원
- 발행주식수 4만 주

① 주당순이익 = 1억 원/4만 주 = 2500원
② 주당순이익×비교 대상 기업 평균 PER
= 2500원×15 = 3만 7500원

**10~30%
할인 적용**

희망 공모가격 범위
➡ 2만 6000원~3만 4000원

IPO 흥행을 결정하는 첫 관문, 수요 예측

●●● 회사는 희망 공모가격 범위를 정했지만, 투자자들이 어느 수준의 가격을 가장 선호하는지 궁금합니다. 그렇다고 모든 투자 희망자를 대상으로 조사해 볼 수도 없지요. 그래서 개인 투자자들보다는 더 전문적으로 판단할 수 있는 기관투자자들에게 공모가격과 청약 수량을 제시하게 하고, 그 결과를 기초로 최종 공모가격을 선정하는 절차를 밟습니다. 이것을 수요 예측이라고 합니다.

㈜삼겹살의 IPO를 주관하는 증권사가 수요 예측 공고를 냅니다. 그러면 공모주식을 배정받길 원하는 기관투자자들(연기금, 증권사, 운용사, 투자자문사, 은행, 보험 등)이 온라인으로 공모가격과 청약 수량을 적어냅니다. 회사의 희망 공모가격 범위(2만 6000원~3만 4000원) 내에서만 제출하지는 않습니다. 회사 제시 범위보다 기업 가치가 높다고 생각하면 상단 초과 가격을, 회사 제시 범위보다 기업 가치가 낮다고 판단하면 하단 미만 가격을 적어낼 수도 있습니다.

만약 3만 원 선에 기관투자자들이 가장 많이 몰렸다면 회사와 주관증권사는 이를 최종 공모가격으로 결정할 겁니다. 3만 원 이상을 제시한 기관투자자들은 공모주식을 배정받을 수 있겠지요. 이제 회사는 청약 절차에 들어갑니다.

만약 삼겹살 공모주식수가 신주 발행 200주와 구주 매각 100주 등 총 300주라고 해 봅시다. IPO 때는 우리사주조합에 대개 신주를 20% 배정합니다. 기관투자자는 60%, 개인 투자자는 20% 물량을 배정받는 게 일반적입니다. 기관투자자는 수요 예측과 경쟁률에 따라 정해진 배정 물량만큼 청약하면 됩니다. 개인 투자자들은 청약 경쟁률에 따라 나중에 최종 배정주식수가 결정됩니다.

[(주)삼겹살 수요 예측 결과]

- 희망 공모가격 범위 : 2만 6000원~3만 4000원
- 공모주식수 300주(신주 200주+구주 100주)

구분	참여 건수 기준		신청 수량 기준	
	건수	비율	수량	비율
3만 4000원 이상	5건	10%	50주	8%
2만 6000원 이상 ~3만 4000원 미만	40건	80%	400주	67%
2만 원 이상 ~2만 6000원 미만	3건	6%	30주	5%
2만 원 미만	2건	4%	60주	10%
합계	50건	100%	600주	100%
최종 결정 공모가격	3만 원			

청약 대상자	배정 비율	배정주식수
우리사주조합	20%	60주
기관투자자	60%	180주
일반 개인 투자자	20%	60주

특례상장 기업 투자자에게
부여하는 '환매청구권'

●●● (주)제테마는 필러 전문제조업체로 2019년 11월 코스닥시장에 일명 '테슬라 특례'로 상장했습니다. 회사가 이익을 내지 못해도 코스닥에 상장하는 경우가 있습니다. 일정액 이상의 매출이 있거나 시가총액 또는 자기자본 규모가 일정액 이상이면 이익 미실현 기업도 상장이 가능합니다. 이 외에도 기술력과 성장성을 인정받아 상장하는 길도 있습니다. 이런 특례상장 기업 투자자에게는 환매청구권을 부여해 줍니다. 상장 이후 주가가 공모가의 90% 아래로 떨어지면 일정기한 내에 투자자가 주관증권사에게 공모 청약 주식을 공모가의 90%에 되팔 수 있게 하는 거지요.

제테마의 공모 주식은 신주로만 96만 주로, 주당 공모가격 2만 1000원을 적용한 총공모액은 201억 원이었습니다. 대표 주관증권사는 한국투자증권, 인수증권사는 DB금융투자입니다. 이들은 96만 주를 총액인수해 청약과 배정을 진행했습니다. 총액인수했을 때 미청약이 발생하면 미청약분을 증권사가 떠안습니다. 일반 공모 배정분이 80%, 우리사주조합 배정분이 20%였습니다. 일반 공모분은 다시 일반 투자자(개인 투자자) 20%와 기관투자자 60%로 나뉘었습니다.

제테마 공모가격 산출에는 PER 비교가치평가법이 적용되었는데요. 비교 대상 상장기업으로는 메디톡스, 휴젤, 휴메딕스가 선정되었습니다. 제테마의 주당순이익을 구해 비교 대상 기업의 평균 PER을 곱하면 추정 주가를 얻을 수 있습니다. 그런데 말입니다! 제테마는 상장 추진 당시 적자기업이었는데, 어떻게 주당순이익을 구할 수 있었을까요?

[(주)제테마 실적 추이]

(단위 : 억 원)

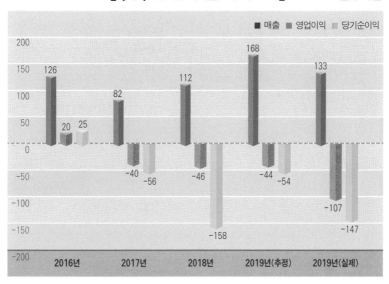

[(주)제테마 공모 주식 배정]

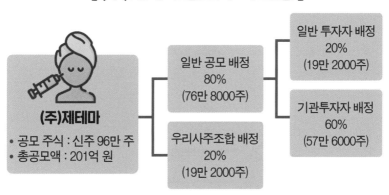

환매청구권		
행사 기간	상장일로부터 3개월까지	* 특례상장 종류에 따라 차이가 있음
행사 대상	일반 청약자가 배정받은 공모 주식	
권리 행사 가격	공모가격의 90%	* 환매 청구 시점에 코스닥지수 급락 시 권리 행사가격 조정에 따라 90% 미만 가격이 될 수도 있음

적자회사 공모가격을 산출하는 특별한 방법

●●● 적자기업이 상장할 때는 주당 당기순이익을 구할 수 없습니다. 그래서 조금 특별한 방법을 사용합니다.

(주)제테마는 상장을 추진하던 2019년에는 적자지만, 2021년에는 262억 원의 당기순이익을 낼 것으로 추정했습니다. 이 추정치를 2019년 말 시점의 가치로 환산(연할인율 20% 적용)하면 182억 원이 됩니다. 이 금액을 총발행주식수 882만 4000주로 나누어 2019년 환산 주당순이익(EPS) 2066원을 산출합니다.

> **(주)제테마**
> 2021년 추정 당기순이익 262억 원

 연할인율 20% 적용

> 2019년 환산 당기순이익 182억 원

$$EPS = \frac{당기순이익}{총발행주식수} = \frac{182억\ 원}{882만\ 4000주} = 2066원$$

다음으로는 비교 대상 상장기업 3사의 평균 PER을 구해야 합니다. 상장기업 3사의 당기순이익은 2018년 실적을 적용했습니다. 예를 들어 메디톡스의 경우 2018년 당기순이익 699억 원을 총발행주식수 581만 5000주로 나누어 EPS 1만 2031원을 산출했습니다. 적용주가 35만 7800원을 EPS로 나누면 PER은 29.7로 계산됩니다. 이런 방식으로 휴젤과 휴메딕스의 PER을 구하면 각각 23.3과 24.4가 됩니다. 3사의 PER 평균은 25.8입니다.

[(주)제테마 최종 공모가격 결정 과정]

1단계 제테마 2019년 환산 주당순이익(EPS) 계산

(주)제테마
2021년 추정
당기순이익
262억 원

연할인율*
20%

(주)제테마
2019년 말 기준
현재가치 182억 원,
적용주식수*
882만 4000주

(주)제테마
2019년 말 환산 EPS

$$\frac{182억 원}{882만 4000주} = 2066원$$

＊연할인율은 회사의 재무 위험, 예상 매출 실현 가능성 등을 감안해 회사가 임의로 설정.
＊적용주식수는 2019년 9월 현재 주식수에 전환사채 등 미래의 잠재주식수를 모두 합산한 수치.

제테마
환산 EPS
2066원

2단계 비교 대상 상장기업 평균 주가수익비율(PER) 계산

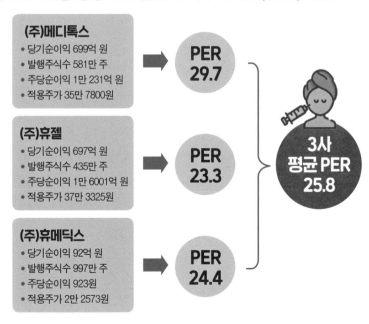

(주)메디톡스
- 당기순이익 699억 원
- 발행주식수 581만 주
- 주당순이익 1만 231억 원
- 적용주가 35만 7800원

→ PER 29.7

(주)휴젤
- 당기순이익 697억 원
- 발행주식수 435만 주
- 주당순이익 1만 6001억 원
- 적용주가 37만 3325원

→ PER 23.3

(주)휴메딕스
- 당기순이익 92억 원
- 발행주식수 997만 주
- 주당순이익 923원
- 적용주가 2만 2573원

→ PER 24.4

3사
평균 PER
25.8

＊당기순이익 : 2018년 기준 / ＊발행주식수 : 분석기준일(2019년 9월 24일) 현재
＊적용주가 : 분석기준일 이전 한 달간 평균 주가

(주)메디톡스

2018년 당기순이익 699억 원, 총발행주식수 581만 5000주

$$\text{EPS} = \frac{699억\ 원}{581만\ 5000주} = 1만\ 2031원$$

$$\text{PER} = \frac{주가(P)}{주당순이익(EPS)} = \frac{35만\ 8000원}{1만\ 2031원} = 29.7$$

• • •

메디톡스 PER 29.7, 휴젤 PER 23.3, 휴메딕스 PER 24.4

3사 평균 PER 25.8

제테마의 EPS 2066원에 3사의 평균 PER을 곱하면 적정주가는 5만 3389원이 됩니다. 여기에서 다시 10~32%의 할인을 적용해 회사는 희망 공모가격 범위를 3만 6000원~4만 8000원으로 정했습니다.

(주)제테마

적정주가=제테마 EPS×3사 평균 PER=2066원×25.8=5만 3389원

⬇ 10~32% 할인율 적용

희망 공모가격 범위 3만 6000원~4만 8000원

그다음 절차는 수요 예측이지요. 수요 예측 결과 기관투자자 참여 건수 기준으로는 2만 1000원~2만 7000원에 45%, 2만 1000원 미만에 36%가 몰렸습니다. 신청 수량 기준으로는 2만 7000원~3만 6000원 사이가 68%로 가장 많았습니다. 제테마는 주관증권사와 협의해 최종 공모가격을 2만 1000원으로 결정했습니다.

3단계 제테마 추정 주가 계산

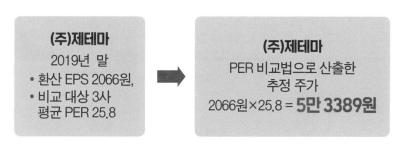

(주)제테마
2019년 말
- 환산 EPS 2066원,
- 비교 대상 3사
  평균 PER 25.8

➡

(주)제테마
PER 비교법으로 산출한
추정 주가
2066원×25.8 = **5만 3389원**

4단계 희망 공모가격 범위 정하고 수요 예측해
　　　최종 공모가격 결정

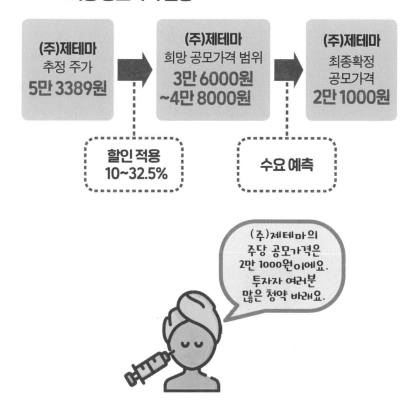

(주)제테마
추정 주가
5만 3389원

➡

(주)제테마
희망 공모가격 범위
**3만 6000원
~4만 8000원**

➡

(주)제테마
최종확정
공모가격
2만 1000원

할인 적용
10~32.5%

수요 예측

(주)제테마의
주당 공모가격은
2만 1000원이에요.
투자자 여러분
많은 청약 바래요.

EV/EBITDA 배수
이해하기

●●● (주)고칼로리를 완전히 나의 지배하에 두려면 어떻게 해야 할까요? 고칼로리 주식 100%를 사야 합니다. 그뿐일까요? 회사 차입금도 다 갚아야 할 겁니다. 채권자들이 간섭 못 하게 하려면요.

EV(Enterprise Value, 기업 가치) 즉 기업의 총가치는 결국 이 회사를 완전히 지배하는데 필요한 자금 규모와 같다고 할 수 있습니다. EV는 지분 100% 가치(시가총액)와 차입금을 합한 것이 됩니다. 회사는 대개 현금과 단기금융자산을 보유하고 있기 때문에 EV는 다음과 같이 정리할 수 있습니다.

> **EV**
> =지분 100% 가치(시가총액)+순차입금(차입금-현금 및 단기금융자산)

[EV(기업 가치) 구하기]

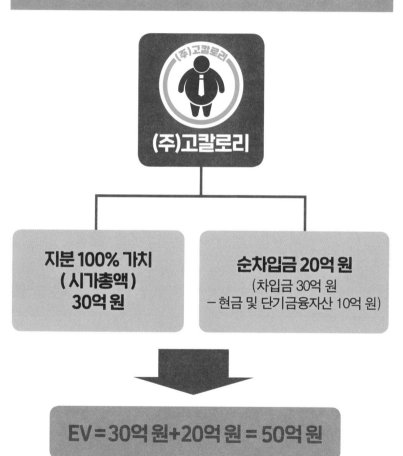

EV(Enterprise Value, 기업 가치)
=지분 100% 가치(시가총액)+순차입금(차입금−현금 및 단기금융자산)

(주)고칼로리

| 지분 100% 가치
(시가총액)
30억 원 | 순차입금 20억 원
(차입금 30억 원
− 현금 및 단기금융자산 10억 원) |

EV = 30억 원+20억 원 = 50억 원

EBITDA(Earnings Before Interest, Taxes, Depreciation and Amortization, 이자 · 법인세 · 감가상각비 · 무형자산상각비 차감 전 영업이익)는 무엇일까요? 영업이익을 산출하는 단계에서는 어차피 이자와 법인세는 반영되지 않습니다. 따라서 영업이익에 감가상각비(무형자산상각비 포함)만 더해주면 EBITDA를 산출할 수 있습니다.

EBITDA는 회사가 창출하는 영업 현금흐름의 대략적 수준을 보여줍니다. 설비 투자를 많이 하는 회사에 유용하지요. 감가상각비는 실제 현금 유출이 일어나지 않은 비용 계정이기 때문에 〈손익계산서〉에 적힌 영업이익은 실제 영업 현금흐름과는 차이가 나지요. 그래서 영업이익에 감가상각비를 더해주면 실제 영업 현금흐름으로 어느 정도 교정이 됩니다.

EV를 EBITDA로 나눈, 즉 EV/EBITDA 배수는 기업 가치가 영업 현금흐름의 몇 배나 되는지를 보여주는 지표입니다. 즉 EV/EBITDA 배수는 인수합병(M&A)때 거래가격을 정하거나 IPO 때 주당 가치를 구하는 비교 평가 지표로 활용되기도 합니다.

[EBITDA 구하기]

EBITDA
(Earnings Before Interest, Taxes, Depreciation and Amortization)
: 이자 · 법인세 · 감가상각비 · 무형자산상각비 차감 전 영업이익
➡ 간편하게 산출하는 영업 현금흐름 지표

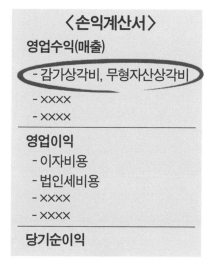

〈손익계산서〉

영업수익(매출)
- 감가상각비, 무형자산상각비   ← 실제 현금이 유출되지 않은 비용
  - ××××
  - ××××

영업이익
  - 이자비용
  - 법인세비용
  - ××××
  - ××××

당기순이익

EBITDA
= 영업이익+감가상각비(무형자산상각비 포함)

순차입금이
마이너스일 때
공모가는 어떻게 바뀔까?

●●● 비상장기업 (주)삼겹살이 있습니다. 회사의 영업이익에 감가상각비
(무형자산상각비 포함)를 더한 EBITDA는 1000만 원, 회사의 순차입금(차입금-현금 및 단기금융자산)은 2000만 원입니다.

삼겹살과 사업 구조가 유사한 상장기업 (주)항정살은 시가총액이 8000만 원,
순차입금이 2000만 원입니다. EV(시가총액+순차입금)가 1억 원이라는 거지요.
항정살의 EBITDA가 2000만 원이라고 해 보지요. 그럼 EV/EBITDA 배수는
5배가 됩니다.

이 배수를 적용해 삼겹살의 주당 가치를 추정해 봅시다.

삼겹살의 EBITDA가 1000만 원이니까, EV/EBITDA 배수가 5가 되려면 EV는
5000만 원이 되어야 합니다. EV가 5000만 원으로 계산되었고, 순차입금이
2000만 원이니까 삼겹살의 시가총액은 3000만 원으로 추정할 수 있습니다.
삼겹살의 발행주식수가 1000주라면 주당 가치는 결국 3만 원(시가총액 3000만
원/발행주식수 1000주)이라는 이야기입니다.

[EV/EBITDA 지표 활용한 비교평가법]

상장기업
(주)항정살

EV
= 시가총액 8000만 원
+ 순차입금 2000만 원
= 1억 원

EBITDA
= 영업이익 + 감가상각비
= 2000만 원

**EV/EBITDA
=5배**

비교 평가

비상장기업
(주)삼겹살

- 추정 시가총액 ?
- 발행주식수 1000주
- 순차입금 2000만 원
- EBITDA 1000만 원

- EV/EBITDA = EV/1000만 원 = 5배
- ➡ EV = 5000만 원
- -
- EV = 시가총액+순차입금 = 5000만 원
    = 시가총액+2000만 원 = 5000만 원
- ➡ 시가총액 = 3000만 원
- -
주당 가치 = 시가총액/발행주식수
        = 3000만 원/1000주 = 3만 원

**할인율
10~20% 적용**

비상장기업
(주)삼겹살

- 희망 공모가격 범위 :
**2만 4000원
~2만 7300원**

만약에 삼겹살의 순차입금이 마이너스라면 어떻게 될까요?

예를 들어 차입금이 1000만 원인데 현금 및 단기금융상품이 3000만 원 있다면 순차입금은 마이너스 2000만 원입니다. 차입금보다 현금이 더 많은 구조입니다.

삼겹살의 EV/EBITDA(1000만 원) 배수가 5가 되려면 EV는 5000만 원이 되어야 합니다. 이 회사의 순차입금은 마이너스 2000만 원이므로, 시가총액은 7000만 원이라고 할 수 있습니다. 회사에 현금이 많으니까 시가총액이 쑥 올라가네요.

삼겹살 주당 가치는 시가총액(7000만 원)/발행주식수(1000주)로 계산하면 7만 원이 됩니다. 여기서 다시 적절한 할인율(10~20% 가정)을 적용하면 5만 6000원~6만 3000원을 희망 공모가격으로 정할 수 있습니다. 그리고 수요 예측을 진행하는 거지요.

순차입금이
마이너스란 건
차입금보다 현금이
더 많다는 거야.

[순차입금이 마이너스일 경우]
– 차입금보다 현금 및 단기금융자산이 더 많은 경우 –

상장기업
(주)항정살

EV/EBITDA
=5배

비교 평가

비상장기업
(주)삼겹살

- 추정 시가총액 ?
- 발행주식수 1000주
- 순차입금 -2000만 원
- EBITDA 1000만 원

- EV/EBITDA = EV/1000만 원 = 5배
- ➡ EV = 5000만 원

- -

- EV = 시가총액+순차입금 = 5000만 원
    = 시가총액+(-2000만 원) = 5000만 원
- ➡ 시가총액 = 7000만 원

- -

주당 가치 = 시가총액/발행주식수
    = 7000만 원/1000주 = 7만 원

할인율
10~20% 적용

비상장기업
(주)삼겹살

- 희망 공모가격 범위 :
  5만 6000원
  ~6만 3000원

성격이 다른 사업 부문을 둔 한화시스템의 희망 공모가격 구하기

●●● 앞서 설명한 EV와 EBITDA, 두 지표는 이번에 소개할 ㈜한화시스템 상장 사례를 이해하기 위한 사전 지식이었습니다.

방산업체 한화시스템은 2018년 8월 시스템통합(SI) 업체 한화S&C를 흡수합병했습니다. 사모펀드운용사 스틱인베스트먼트는 헬리오스에스앤씨 유한회사를 설립하고, 이 회사 이름으로 한화S&C 지분 44.6%를 갖고 있었습니다.

합병으로 한화S&C 지분이 소각되면서, 헬리오스에스앤씨는 한화S&C 지분 44.6%를 한화시스템 지분 32.6%로 보상받았습니다. 헬리오스가 가진 지분은 액면분할*을 거쳐 3328만 주까지 증가했습니다.

2019년 한화시스템이 IPO를 진행할 때 헬리오스는 지분 3328만 주 가운데 2470만 주를 공모 매각하기로 합니다(구주 매출). 투자금을 일부 회수하겠다는 거지요. 한화시스템은 신주 816만 주 발행도 병행했습니다(신주 발행).

---

*액면분할 : 예를 들어 액면가 5000원 짜리 주식 1주를 둘로 나누어 2500원짜리 2주로 만드는 경우가 액면분할이다. 납입자본금의 증가나 감소 없이 기존 발행주식수를 일정 비율로 분할해 총발행주식수를 늘리는 것이다.

[2018년 8월 한화시스템, 한화S&C 합병]

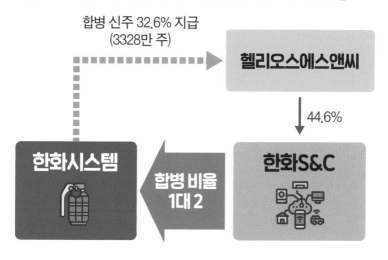

합병 신주 32.6% 지급
(3328만 주)

헬리오스에스앤씨

44.6%

한화시스템

합병 비율
1대 2

한화S&C

[2019년 11월 한화시스템 IPO]

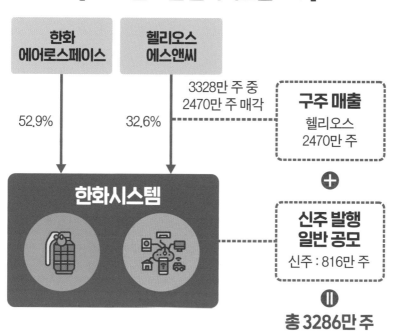

한화
에어로스페이스

헬리오스
에스앤씨

3328만 주 중
2470만 주 매각

구주 매출
헬리오스
2470만 주

52.9%

32.6%

➕

한화시스템

**신주 발행
일반 공모**
신주 : 816만 주

🟰

총 3286만 주

공모가격 산정은 조금 복잡하게 진행됩니다. 한화시스템은 공모가격 산정을 위한 비교지표로 EV/EBITDA 배수를 활용하기로 했습니다. 그런데 한화시스템은 사업 부문이 크게 방산시스템과 ICT(정보통신기술), 두 가지로 나뉩니다. 두 사업 부문의 성격이 많이 다르다 보니, 사업별로 평가 작업을 따로 진행합니다.

우선 방산시스템사업 부문의 비교 대상 상장기업으로는 LIG넥스원과 한국항공우주를 선정했습니다. 두 회사의 EV/ EBITDA 배수 평균으로 12.27을 구했습니다. 이번에는 ICT사업 부문의 비교 대상 상장기업으로 삼성SDS, 포스코ICT, 아시아나IDT를 선정했습니다. 세 회사 EV/ EBITDA 배수 평균으로 10.06을 산출했습니다.

방산시스템사업의 EBITDA(888억 원)에 비교 대상 2사의 EV/ EBITDA 배수 평균 12.27을 곱해, EV는 1조 898억 원을 산출했습니다. ICT사업의 EBITDA(733억 원)에 비교 대상 3사의 EV/ EBITDA 배수 평균 10.06을 곱하면, EV는 7376억 원이 됩니다.

한화시스템의 전사(全社) EV는 둘을 더해 1조 8274억 원(1조 898억 원+7376억 원)이 나왔습니다. 'EV=시가총액+순차입금'이니, 한화시스템의 EV 1조 8274억 원에서 순차입금을 빼면 추정 시가총액이 나오지요. 그런데 한화시스템의 순차입금이 마이너스 2723억 원입니다. 차입금보다 현금 및 단기금융자산이 더 많다는 이야기입니다.

EV(1조 8274억 원)에서 순차입금(-2723억 원)을 빼서 계산한 추정 시가총액은 2조 997억 원입니다. 이것을 발행주식수로 나누면 주당 평가액은 1만 9048원입니다. 나중에 최종 공모가격은 1만 2250원으로 정해졌습니다.

[한화시스템 IPO 공모가격 산정
(EV/EBITDA 비교평가법)]

**방산시스템사업
EV 계산**

**ICT사업
EV 계산**

**LIG넥스원,
한국항공우주**

평균 EV/EBITDA = 12.27

**삼성SDS, 포스코ICT,
아시아나IDT**

평균 EV/EBITDA =10.06

한화시스템 방산사업

EV
= EBITDA(888억 원) ×12.27
= 1조 898억 원

한화시스템 ICT사업

EV
= EBITDA(733억 원)× 10.06
=7376억 원

**한화시스템
전사**

EV = 1조 8274억 원

－

**한화시스템
전사**

순차입금
(마이너스 2723억 원)

**한화시스템
전사**

시가총액 2조 997억 원
─────────────
발행주식수
= 주당 평가액 1만 9048원

RCPS,
영구채,
공개매수,
주식의 포괄적 교환

스타트업이 선호하는 RCPS, 대기업이 선호하는 영구채

●●● 2020년 3월, 식자재 유통 플랫폼을 운영하는 스타트업 (주)마켓보로는 우선주를 발행했습니다. 사모펀드운용사가 설립한 투자회사 (주)데일리푸드홀딩스가 100억 원어치의 우선주를 인수했는데요. 이 우선주에는 상환권과 전환권이 붙어있었습니다. 사모펀드가 나중에 마켓보로에 투자금을 갚으라고 요구할 수도 있고, 보통주로 전환해 달라고 요구할 수도 있는 권리를 갖는 것이지요. 이런 우선주를 상환전환우선주라고 하는데, 보통 RCPS(Redeemable Convertible Preference Shares)라고 부릅니다.

코딩 교육 서비스 스타트업인 (주)코드잇도 2020년 4월 벤처캐피탈을 대상으로 40억 원 규모의 RCPS를 발행했습니다. 차량 렌탈 중개서비스 플랫폼을 운영하는 (주)비마이카와 웨어러블 360도 카메라 개발회사인 (주)링크플로우도 이 무렵 각각 150억 원과 72억 원의 RCPS를 발행해 사업 자금을 마련했습니다. 그러고 보니 RCPS는 주로 스타트업들의 자금 조달 수단으로 많이 활용되는 모양입니다.

이마트는 2019년 4월 4000억 원 규모의 회사채를 발행했습니다. 만기 30년 짜리입니다. 회사채 만기가 일반적으로 3~5년인 것에 비하면 굉장한 장기채입니다. 그런데 발행사인 이마트가 마음먹기에 따라서 이자만 내면서 계속 만기를 연장하는 게 가능하다고 합니다. 이러한 채권을 영구채라고 부릅니다. 2019년에만 현대로템, CJ대한통운, 대한항공, SK E&S, 현대상선 등 15개 대기업이 영구채를 발행했다고 합니다. 약간 특이한 자금 조달 수단, RCPS와 영구채에 대해 알아보겠습니다.

[스타트업들의 상환전환우선주(RCPS) 발행]

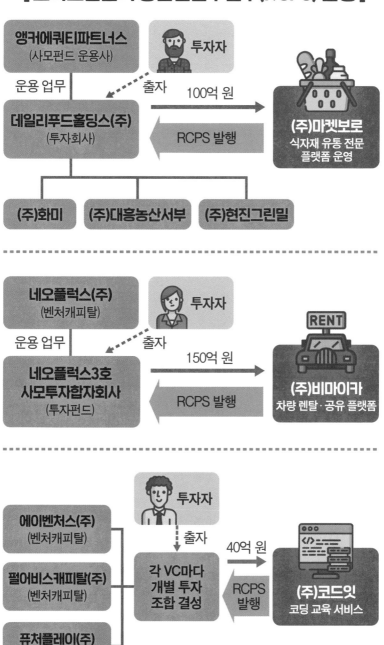

전환우선주와 상환우선주

●●● 보통주에는 의결권이 있고, 우선주에는 일반적으로 의결권이 없습니다. 대신 우선주 주주들은 보통주 주주보다 더 많은 배당을 받습니다. 이런 우선주 중에는 특이한 것이 있습니다. 예를 들면 보통주로 전환할 수 있는 권리가 부여된 전환우선주(CPS : Convertible Preferred Stock)입니다.

㈜고칼로리가 전환우선주를 주당 1만 4000원에 10주 발행하는 유상증자를 했습니다. 전환우선주 존속기간은 10년, 보통주 전환비율은 1대 1입니다. 발행 시점으로부터 10년째 되는 날 우선주 1주를 보통주 1주로 바꿔준다는 겁니다. 우선주 주가는 대개 보통주보다 30% 이상 낮게 형성됩니다. 고칼로리는 전환우선주 발행가격을 결정할 때 30% 괴리율*을 적용하기로 했습니다. 보통주 주가가 2만 원이라면 '전환우선주 발행가격=2만 원×70%=1만 4000원'이 되는 거지요.

상장된 전환우선주 주가는 보통주 주가의 영향을 많이 받습니다. 시간이 지나면서 보통주 주가가 올라가면, 1대 1 전환 조건이 붙어있는 우선주 주가도 따라 올라갈 겁니다. 존속 만기를 1년 앞둔 전환우선주(최초 발행가격 1만 4000원)를 증권시장에서 3만 원에 샀는데, 만기 시점에 보통주 주가가 5만 원이 되었다면 주당 2만 원의 차익을 얻게 되는 거지요.

또 하나 특이한 우선주로는 상환우선주라는 것이 있습니다. 예를 들어 ㈜삼겹살이 상환우선주를 발행했는데, 3년 뒤 투자자 달봉이에게 원리금을 갚기로 했다고 해 봅시다. 달봉이는 투자 기간에 정해진 배당률에 따라 배당금을 받고, 만기가 되면 원금에 적절한 이자율을 적용한 원리금을 회수하게 됩니다.

[전환우선주(CPS) 발행 유상증자]

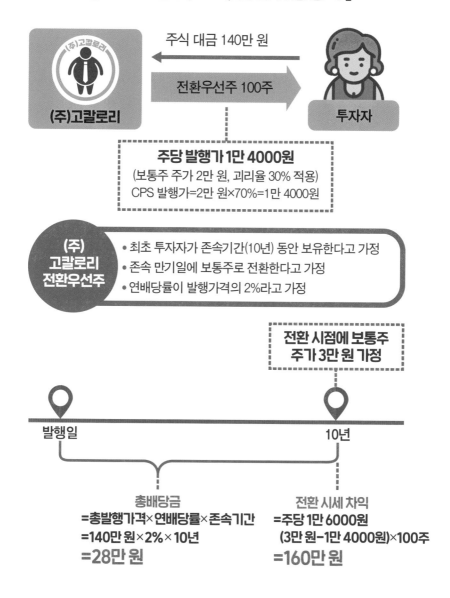

주식 대금 140만 원

전환우선주 100주

(주)고칼로리

투자자

주당 발행가 1만 4000원
(보통주 주가 2만 원, 괴리율 30% 적용)
CPS 발행가=2만 원×70%=1만 4000원

**(주)
고칼로리
전환우선주**

- 최초 투자자가 존속기간(10년) 동안 보유한다고 가정
- 존속 만기일에 보통주로 전환한다고 가정
- 연배당률이 발행가격의 2%라고 가정

**전환 시점에 보통주
주가 3만 원 가정**

발행일

10년

총배당금
=총발행가격×연배당률×존속기간
=140만 원×2%×10년
=28만 원

전환 시세 차익
=주당 1만 6000원
(3만 원-1만 4000원)×100주
=160만 원

＊**괴리율**: 우선주를 발행할 때, 발행사와 유사한 기업들의 보통주와 우선주 가격 차이 비율을
평균한 값. 즉 괴리율을 적용해 발행가격을 결정한다.

회계기준과 발행 조건 따라 부채 또는 자본으로 갈라지는 상환전환우선주

●●● 상환전환우선주(RCPS)는 상환권과 전환권이 붙어있는 우선주입니다. ㈜삼겹살이 2019년 초 RCPS 100주(주당 발행가격 1만 원), 총 100만 원어치를 발행하기로 했습니다. 이 RCPS의 존속 가능 기간은 2028년 말까지 10년입니다. 투자자에게는 해마다 발행금액의 2%에 해당하는 금액을 우선 배당하기로 했습니다. 발행 5년 뒤부터는 1대 1 비율로 보통주 전환이 가능합니다. 10년째 되는 2028년 말까지는 무조건 보통주로 전환해야 합니다. 상환은 발행 5년 뒤부터 가능한데, 발행가격에 3% 이자를 붙여 돌려주기로 했습니다.

삼겹살이 비상장사이며 일반기업회계기준(K-GAAP)을 적용한다고 해 봅시다. RCPS는 우선주의 일종입니다. K-GAAP에서 우선주는 외형상 '주식'이기 때문에 무조건 자본으로 분류합니다. 삼겹살의 발행주식수가 100주 증가하고 자본(총계)가 100만 원 증가합니다.

삼겹살이 상장사라고 해 봅시다. 상장사는 한국채택국제회계기준(K-IFRS)을 적용해야 합니다. K-IFRS에서는 RCPS의 외형이 주식(우선주)이라고 해 무조건 자본으로 분류하지 않습니다. 상환 조건에 따라 부채로 분류할 수도 있습니다. 투자자가 삼겹살에 대해 '상환청구권'을 보유하는 조건이라면 부채로 분류합니다. 삼겹살은 〈재무상태표〉에 RCPS 부채 100만 원을 반영해야 합니다. 만약 투자자에게 상환청구권이 없고, 삼겹살이 '상환권'을 보유하고 있다면, 즉 상환하느냐 마느냐를 발행사가 결정할 수 있다면 자본으로 분류합니다.

[상환전환우선주(RCPS)의 회계 처리]

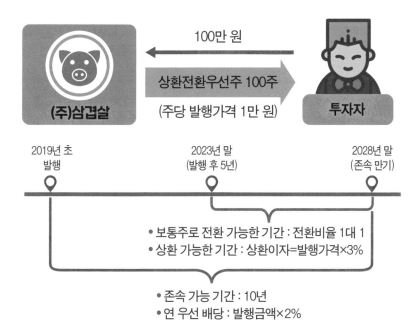

100만 원

상환전환우선주 100주

(주당 발행가격 1만 원)

(주)삼겹살

투자자

2019년 초
발행

2023년 말
(발행 후 5년)

2028년 말
(존속 만기)

• 보통주로 전환 가능한 기간 : 전환비율 1대 1
• 상환 가능한 기간 : 상환이자=발행가격×3%

• 존속 가능 기간 : 10년
• 연 우선 배당 : 발행금액×2%

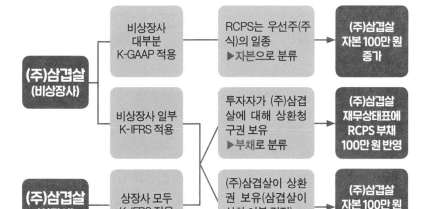

(주)삼겹살 (비상장사)	비상장사 대부분 K-GAAP 적용	RCPS는 우선주(주식)의 일종 ▶자본으로 분류	(주)삼겹살 자본 100만 원 증가
	비상장사 일부 K-IFRS 적용	투자자가 (주)삼겹살에 대해 상환청구권 보유 ▶부채로 분류	(주)삼겹살 재무상태표에 RCPS 부채 100만 원 반영
(주)삼겹살 (상장사)	상장사 모두 K-IFRS 적용	(주)삼겹살이 상환권 보유(삼겹살이 상환 여부 결정) ▶자본으로 분류	(주)삼겹살 자본 100만 원 증가

아모레퍼시픽그룹 전환우선주, 먼 미래 내다 본 경영승계용?

● ● ● 　2019년 10월 지주회사 (주)아모레퍼시픽그룹이 유상증자(주주 배정 후 실권주 일반 공모) 공시를 했습니다. 전환우선주(CPS)를 발행(기존 주식 1주당 0.07주 배정)하겠다는 내용이었지요.

자회사 (주)아모레퍼시픽 지분을 추가로 취득하기 위한 자금을 마련하려고 CPS를 발행한다고 밝혔습니다.

CPS에는 발행 후 10년 되는 날 보통주로 전환한다(그 이전에는 전환 불가)는 조건이 붙었습니다. 전환비율은 1대 1입니다. 당시 보통주 가격은 8만 원대였는데, 보통주와 우선주 간 괴리율 등을 고려해 확정된 CPS 발행가격은 3만 3350원입니다.

일각에서는 이 CPS를 경영권 승계용으로 해석했습니다. 서경배 회장이 배정받은 우선주를 딸 서민정 씨에게 증여해, 지주회사 보통주 지분율을 높이는 데 도움을 줄 것이라는 예상이지요.

[(주)아모레퍼시픽그룹 전환우선주(CPS) 유상증자]

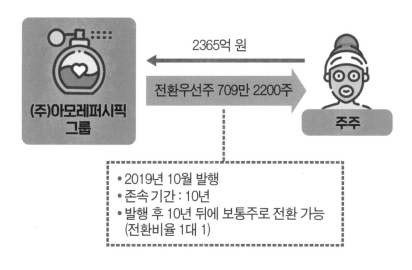

2365억 원

(주)아모레퍼시픽
그룹

전환우선주 709만 2200주

주주

• 2019년 10월 발행
• 존속 기간 : 10년
• 발행 후 10년 뒤에 보통주로 전환 가능
  (전환비율 1대 1)

발행일
2019년 10월

10년 뒤
(존속 만기)

발행가격 3만 3350원
(보통주 주가 흐름에
괴리율과 할인율 적용)

보통주로 전환 가능
(전환비율 1대 1)

강스템바이오텍, 전환우선주 전환가격도 리픽싱

●●● 줄기세포 치료제 개발업체 (주)강스템바이오텍은 2019년 7월 기관투자자들을 대상으로 제3자 배정 방식의 CPS 유상증자(324만 주, 480억 원)를 했습니다. 5년 뒤 1대 1 비율로 보통주를 전환하는 조건이었습니다. 전환 청구는 1년 뒤인 2020년 7월부터 가능했습니다. 회사는 우선 배당으로 해마다 액면가 기준 2%를 지급하기로 했지요. 발행가격은 보통주의 1개월 주가 흐름을 기준으로 정했기 때문에 보통주 주가 수준과 별 차이 없는 1만 4815원이었습니다.

전환에는 리픽싱 조건이 있었습니다. 합병, 감자 등으로 총발행주식수에 증감이 있을 때는 물론이고 1개월마다 주가 흐름에 따라 전환가격을 조정할 수 있게 했습니다.

실제로 발행 1개월 뒤 주가 하락으로 전환가격이 조정(1만 4815원→1만 2476원)되었습니다. 전환비율이 CPS 1대 보통주 1이 아니라 1대 1.19(1만 4815원/1만 2476원)로 조정된 셈이지요.

[(주)강스템바이오텍
전환우선주(CPS) 유상증자]

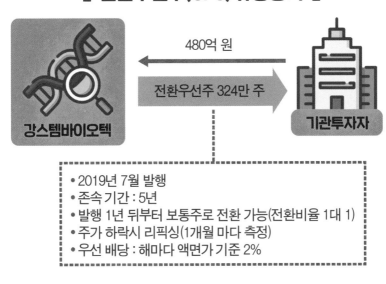

강스템바이오텍 ← 480억 원 ← 기관투자자

전환우선주 324만 주

- 2019년 7월 발행
- 존속 기간 : 5년
- 발행 1년 뒤부터 보통주로 전환 가능(전환비율 1대 1)
- 주가 하락시 리픽싱(1개월 마다 측정)
- 우선 배당 : 해마다 액면가 기준 2%

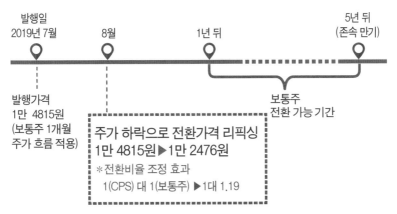

발행일
2019년 7월

8월

1년 뒤

5년 뒤
(존속 만기)

발행가격
1만 4815원
(보통주 1개월
주가 흐름 적용)

보통주
전환 가능 기간

주가 하락으로 전환가격 리픽싱
1만 4815원 ▶ 1만 2476원
*전환비율 조정 효과
1(CPS) 대 1(보통주) ▶ 1대 1.19

우아한형제들이 상환전환우선주를 전환우선주로 바꾼 이유

상환전환우선주(RCPS)가 스타트업의 자금 조달 수단으로 많이 활용되는 이유는 투자자(주로 벤처캐피털)가 선호하기 때문입니다. (주)우아한형제들(배달의민족), (주)컬리(마켓컬리), (주)비바리퍼블리카(토스) 등 많은 유망 스타트업이 국내 외 투자자들에게 RCPS를 발행했습니다. 이 RCPS에는 투자자에게 상환청구권이 부여되어 있습니다. 이 회사들은 비상장사이면서 K-GAAP을 적용하기 때문에, RCPS를 '자본'으로 분류할 수 있었습니다.

우아한형제들은 일곱 차례에 걸쳐 투자자들에게 RCPS를 발행했습니다. 2018년 말 기준 RCPS 발행 잔액은 2823억 원이었습니다. 우아한형제들은 2019년 결산을 하면서 회계기준을 K-GAAP에서 K-IFRS로 바꿉니다. 이렇게 되면 RCPS를 '부채'로 수정해야 합니다.

그런데 우아한형제들은 이 가운데 1478억 원어치의 RCPS에 대해 투자자들과 협의해 상환권 조항을 삭제합니다. RCPS를 전환우선주(CPS)로 변신시켜 자본으로 그대로 두기 위한 조치였습니다.

결국 우아한형제들이 2019년 결산 재무제표에서 RCPS 부채로 반영한 금액은 전체 RCPS 잔액에서 CPS로 변신시킨 금액을 뺀 수치 즉, '2823억 원-1478억 원=1345억 원'입니다.

(주)우아한형제(배달의민족) 회계기준 변경 후 상환전환우선주(RCPS) 회계 처리

2018년 말

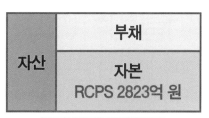

자산	부채
	자본 RCPS 2823억 원

2019년 결산 시 회계기준을 K-IFRS로 전환

2019년 말

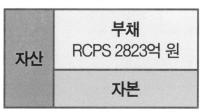

자산	부채 RCPS 2823억 원
	자본

2019년 말 우아한형제들의 실제 대응

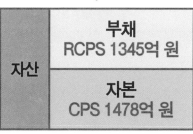

자산	부채 RCPS 1345억 원
	자본 CPS 1478억 원

RCPS 2823억 원 중 1478억 원어치 상환권 조항 삭제 ➡ 1478억 원 어치 RCPS가 CPS 로 변신

인터넷은행과 증권사 설립 앞둔 비바리퍼블리카(토스), 금융당국 압박받고 한 일은?

●●● 온라인 송금서비스 토스를 운영하는 비바리퍼블리카도 2019년 11월 임시주주총회를 열어 약 3000억 원에 이르는 RCPS(1주당 1의결권 부여) 전량을 CPS로 전환하는 결의를 했습니다.

비바리퍼블리카는 제3 인터넷전문은행 및 증권사 설립을 추진하고 있었습니다. 금융당국은 "자본으로 분류된 RCPS가 실질적으로는 채무"라며 자본의 안정성 문제를 지적했습니다. 비바리퍼블리카는 K-GAAP를 적용하고 있었기 때문에 RCPS를 자본으로 분류하는 것은 당연했습니다. 그러나 금융당국의 생각은 좀 달랐습니다. K-IFRS에서처럼 실질을 따지면, 투자자들이 상환청구권을 가지고 있기 때문에 채무나 다름없지 않으냐는 것이었습니다.

그러자 회사는 아예 상환권 조항을 없애고 RCPS를 CPS로 전환해 논란의 여지를 없앴습니다.

**(주)비바리퍼블리카(토스)의
상환전환우선주(RCPS) 회계 처리 :
제3 인터넷은행 및 증권사 설립 추진**

2018년 말

자산	부채
	자본 RCPS 3000억 원

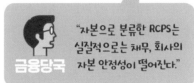

"자본으로 분류한 RCPS는 실질적으로는 채무, 회사의 자본 안정성이 떨어진다."

금융당국

비바리퍼블리카의 대응

자산	부채
	자본 CPS 3000억 원

**임시 주주총회 개최
RCPS 전량 상환권 조항 삭제
➡ RCPS 전량 CPS 로 전환**

IPO 앞둔 스타트업들, 상환전환우선주를 보통주로 전환한 이유

●●● 스타트업이 투자자와 협의해 RCPS를 발행할 때 대부분 투자자 측에 상환청구권을 부여합니다. 스타트업들은 K-GAAP를 적용하기 때문에 그렇게 해도 자본으로 분류할 수 있습니다. 이 RCPS에 3년 뒤 상환을 청구할 수 있는 조건이 붙어있다면 3년 만기 일반 회사채와 무엇이 다를까요?

「상법」상 RCPS를 상환하려면 회사 재무제표상에 그만한 배당 가능 이익이 있어야 합니다. 그런데 스타트업은 수년 동안 누적 결손이 쌓여가는 게 일반적입니다. 배당 가능 이익까지 생기려면 회사가 흑자전환 하고 나서도 수년이 걸릴 수 있습니다. 따라서 투자자들이 상환청구권을 행사할 실익이 거의 없습니다. 설령 회사에 배당 가능 이익이 충분하다 해도 투자자들이 상환청구권을 행사할 이유가 별로 없습니다. 투자자들이 원하는 것은 상환보다는 상장을 통한 시세 차익입니다. 배당 가능 이익이 충분할 정도라면 이 스타트업은 사업이 제 궤도에 올라 탄탄하게 성장 중인 겁니다. 이런 회사에 대해서는 투자금을 상환받는 것보다 상장 이후 시세 차익을 노리는 것이 훨씬 유리하겠지요.

비상장사가 상장을 추진하려면 K-IFRS를 적용한 재무제표를 작성해야 합니다. 이때 자본으로 분류해놓았던 RCPS는 모두 금융 부채로 전환해야 합니다. 그래서 상장을 추진할 즈음에는 발행사와 투자자들이 협의해 RCPS를 보통주로 전환하는 경우가 많습니다. ㈜브릿지바이오테라퓨틱스, ㈜캐리소프트, ㈜힐세리온의 RCPS 투자자들은 2019년 하반기 즈음 상장을 전후해 RCPS를 보통주로 전환했습니다.

[상환전환우선주(RCPS)와 회사채의 차이]

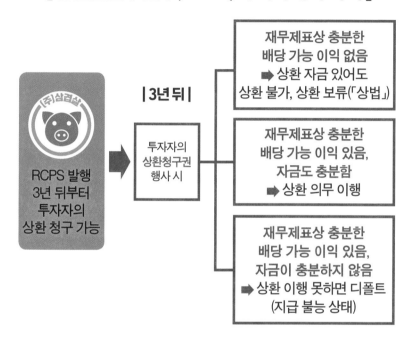

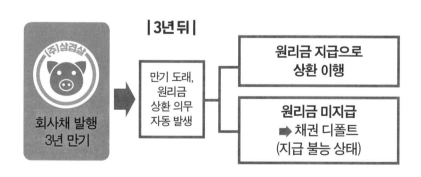

부채와 자본으로 나뉘어 기록된 코렌텍 상환전환우선주

●●● (주)코렌텍은 인공관절 제조업체로, 코스닥 상장사입니다. 2019년 7월 유상증자 공시를 두 개 냈습니다. 보통주 발행으로 100억 원, RCPS 발행으로 35억 원의 자금을 조달하기로 했다는 내용입니다.

공시에 나타난 RCPS 발행 조건을 봅시다. 세 개 기업을 대상으로 총 62만 1670주(주당 발행가 5630원, 총 35억 원)를 발행합니다. 우선주임에도 보통주와 동일하게 1주당 1개의 의결권이 부여됩니다. 발행 5년째 되는 날부터 10년째 되는 날까지 투자자가 발행사에 상환을 청구할 수 있습니다. 상환이율은 연 2.5%입니다. 전환권 행사도 발행 5년 뒤부터 가능합니다. 배당과 관련해서는 연간 최저 우선 배당으로 액면금액의 1%를 지급합니다.

이런 조건의 RCPS는 부채일까요? 자본일까요? 코렌텍이 K-IFRS를 적용하고, 투자자에게 상환청구권이 있으니 '부채'의 성격이 있습니다. 한편으로 보통주 전환권에는 '자본'의 성격이 있습니다. 이 RCPS에는 주가 하락에 따라 전환가격이 조정되는 리픽싱 조건이 없었습니다. 전환 시 발행해야 할 보통주 주식수가 딱 정해져 있다는 것이지요. 이런 경우 전환권은 자본의 성격을 갖춘 게 됩니다.

조금 어렵게 느껴질 수 있을 텐데요. 코렌텍의 RCPS는 이렇게 부채와 자본의 성격이 혼재되어 있기 때문에 2019년 말 재무제표에는 부채로 13억 3000만 원, 자본으로 22억 3000만 원을 반영했습니다. 한편, 코렌텍의 RCPS에는 발행회사의 콜옵션도 있었습니다. 투자자 보유 RCPS의 전부 또는 일부를 코렌텍이 지정하는 제3자에게 매도해 달라고 요구할 수 있는 권리입니다.

[(주)코렌텍 상환전환우선주(RCPS) 회계 처리]

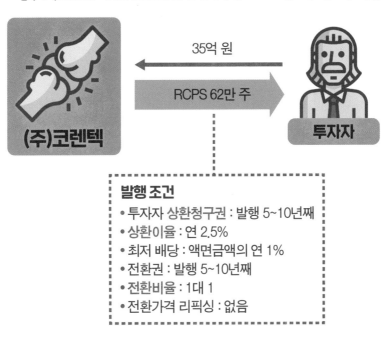

35억 원

RCPS 62만 주

(주)코렌텍

투자자

발행 조건
- 투자자 상환청구권 : 발행 5~10년째
- 상환이율 : 연 2.5%
- 최저 배당 : 액면금액의 연 1%
- 전환권 : 발행 5~10년째
- 전환비율 : 1대 1
- 전환가격 리픽싱 : 없음

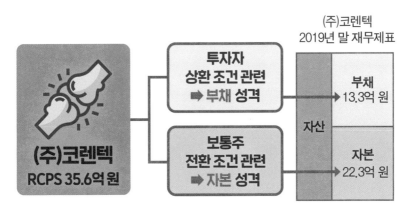

(주)코렌텍
RCPS 35.6억 원

투자자
상환 조건 관련
➡ 부채 성격

보통주
전환 조건 관련
➡ 자본 성격

(주)코렌텍
2019년 말 재무제표

자산

부채
➡ 13.3억 원

자본
➡ 22.3억 원

상장 시세 차익 노리는 RCPS 투자자, 전환비율 조건은 어떻게 정할까?

●●● 스타트업 RCPS 투자자들은 상장 후 시세 차익을 원합니다. 그래서 이들은 전환가격 및 전환비율 조건을 최대한 투자자들에게 유리하게 만들려 하지요. 달봉이는 ㈜고칼로리의 RCPS 100주를 인수했습니다(발행가격 주당 1만 원, 전환비율 1대 1). 2년 뒤 IPO 때 공모가격이 1만 원으로 정해졌다고 해 봅시다. 전환가격과 공모가격이 같은 거지요. 보통주 100주로 전환해봐야 투자원금 (100만 원)의 가치밖에 안 되는 셈입니다. 전환가격보다 공모가격이 훨씬 높아야 투자자에게 유리합니다. 그런데 공모가격은 마음대로 어찌할 수가 없으니 RCPS 발행 때 예를 들어 이런 조건을 붙입니다.

"공모가격의 70%가 전환가격보다 낮다면 전환비율을 '이러이러한 공식'에 따라 조정한다."

만약 전환가격이 7000원, 공모가격이 1만 원이라면 딱 70%지요. 그러니까 공모가격이 1만 원 이상이면 조정하지 않지만, 1만 원 미만이면 조정하겠지요. 고칼로리의 경우 공식에 따라 전환비율을 조정해보니 '1(전환우선주) 대 1.5(보통주)'가 되었다고 합시다. 그럼 달봉이가 가진 RCPS 100주를 보통주 150주 (100주×1.5, 공모가격 기준 150만 원 가치)로 전환할 수 있게 됩니다. 광통신 부품업체 ㈜켐옵틱스는 2018년 20억 원어치 RCPS를 발행하면서 "공모 단가의 70% 금액이 전환가격보다 낮으면, 70% 금액을 전환가격으로 결정한다"고 합의했습니다. 이 조건을 고칼로리에 적용해 볼까요? 달봉이가 받을 보통주식은 '투자금 100만 원/전환가격 7000원=143주(공모가 기준 143만 원 가치)'가 됩니다.

상환전환우선주(RCPS) 발행 조건에 따른 투자 성패

(주)고칼로리 상환전환우선주(RCPS) 100주 발행
- 주당 발행가격 : 1만 원
- 보통주 전환비율 : RCPS 1대 보통주 1

[전환비율을 유지할 경우]

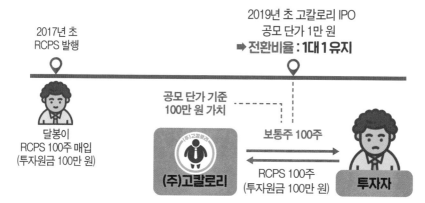

2017년 초
RCPS 발행

2019년 초 고칼로리 IPO
공모 단가 1만 원
➡ 전환비율 : 1대 1 유지

달봉이
RCPS 100주 매입
(투자원금 100만 원)

공모 단가 기준
100만 원 가치

(주)고칼로리

보통주 100주

RCPS 100주
(투자원금 100만 원)

투자자

[전환비율 변경이 가능한 계약을 할 경우]

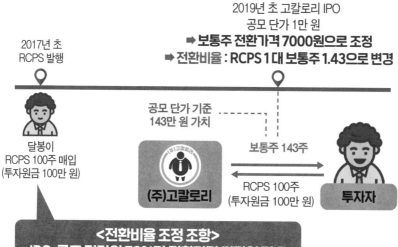

2017년 초
RCPS 발행

2019년 초 고칼로리 IPO
공모 단가 1만 원
➡ 보통주 전환가격 7000원으로 조정
➡ 전환비율 : RCPS 1 대 보통주 1.43으로 변경

달봉이
RCPS 100주 매입
(투자원금 100만 원)

공모 단가 기준
143만 원 가치

(주)고칼로리

보통주 143주

RCPS 100주
(투자원금 100만 원)

투자자

<전환비율 조정 조항>
IPO 공모 단가의 70%가 전환가격 미만일 경우
이 금액을 전환가격으로 함

할증 발행한 더존비즈온 RCPS, 주가 훨훨 날아 투자자는 '스마일'

●●● 기업용 정보기술(IT) 솔루션업체 (주)더존비즈온이 2019년 8월 느닷없이 1500억 원 규모의 RCPS 유상증자 공시를 냈습니다. 알짜배기 대기업이 RCPS로 자금 조달에 나서자 시장은 의아해했습니다. 그런데 그만한 사정이 있었습니다. 더존비즈온이 서울 시내 대형빌딩을 4500억 원에 사기로 했고, 은행 대출과 자기 자금 외에 나머지 1500억 원을 마련하기 위한 유상증자인 셈이었죠.

상장기업(K-IFRS 적용)의 RCPS는 대부분 발행사가 상환권을 갖는 조건이라 봐도 무방합니다. 투자자에게 상환청구권을 부여하면 발행금액을 부채로 반영해야 할 가능성이 높기 때문입니다. 더존비즈온처럼 안정적으로 이익을 내는 기업은 투자자에게 높은 수준의 우선 배당을 줘야 하는 부담을 오랫동안 안고 가지 않습니다. 주가 상승으로 투자자가 보통주로 전환할 유인이 생기지 않는다면 발행사가 적절한 시점에 상환하는 게 일반적입니다.

공시에 따르면 회사는 '발행일로부터 3~10년째 되는 날' 사이에 상환할 수 있습니다. 상환금액은 '신주 대금 납입일~상환일'까지 우선배당률을 적용한 원리금에서 이미 지급한 배당금을 뺀 금액입니다.

우선배당률은 처음 2년 동안은 3.1%, 그다음부터는 여기에다 시장의 채권금리를 더한 값으로 했습니다. 투자자는 발행일로부터 1년째 되는 날부터 20년이 되는 날까지 1대 1 비율로 보통주로 전환할 수 있습니다. RCPS 발행가격은 보통주의 최근 한 달간 주가 흐름(6만 9242원)에다 이례적으로 20%나 할증해 8만 3089원으로 정했습니다. 발행 이후 주가는 상승세를 타 2020년 6월 현재 17만 원대에서 움직이고 있습니다.

[(주)더존비즈온 1500억 규모 상환전환우선주(RCPS) 발행]

(주)더존비즈온

← 1500억 원

RCPS 180만 5000주 →

- 상환권 : 발행회사 보유
- 전환권 : 투자자 보유

신한금융그룹 투자회사(SPC)

- 신한더존위하고제1차
- 신한더존위하고제2차

보통주 전환 가능 기간

- 전환비율 : 1대 1
- 주가 하락에 따른 리픽싱 : 없음

| 2019년 8월 발행 | 2020년 8월 (1년 째 날) | 2022년 8월 (3년 째 날) | 2029년 8월 (10년 째 날) | 2039년 8월 (20년 째 날) |

발행가격
8만 3089원
보통주 1개월 주가 흐름
6만 9242원에 20% 할증

상환 가능 기간

- 상환 금액 : 우선배당률 적용한 원리금 - 이미 지급한 배당금
- 우선배당률 : 처음 2년 3.1%, 이후 3.1%+시장 채권 금리

자본 행세하는 영구채,
따지고 보면 부채

●●● (주)삼겹살이 만기 30년짜리 장기채권 1억 원을 발행합니다. 삼겹살의 의사에 따라 만기를 연장할 수 있다는 조건입니다. 삼겹살이 마음먹기에 따라 영원히 원금을 갚지 않아도 되는 것이죠. 이런 채권을 '영구채권(영구채)'이라고 하고, 회계 처리할 때 '자본'으로 분류하게 해 줍니다.

그럼 삼겹살은 이자만 내고 원금을 아예 안 갚는 것이 좋을까요?

영구채는 발행 금리가 높습니다. 시간이 갈수록 금리가 올라가는 조건을 달고 있습니다. 금리가 스텝업(step-up)된다는 얘깁니다.

영구채는 이자 부담이 갈수록 커지기 때문에 회사에 콜옵션(조기상환권)을 부여합니다.

영구채는 금리가 시간이 갈수록 올라가는 '스텝업' 조건을 달고 있다.

금리

[기업은 왜 영구채를 발행할까?]

영구채 : 기업이 만기연장권을 가짐

영구채는 스텝업 금리가 적용되서
회사의 이자 부담이 커요.
⬇
회사에 콜옵션(조기상환권) 부여

영구채는 회계 처리할 때
자본으로 분류할 수
있습니다.

예를 들어 삼겹살이 2015년 초 만기 30년짜리 1억 원 영구채를 발행할 때 발행금리가 5%입니다. 5년 뒤인 2020년 초부터 금리는 1차 스텝업(2% 가산)으로 7%, 2023년 초 이후부터는 다시 2차 스텝업(3% 가산)으로 10%가 되는 조건이라고 해 봅시다. 5%도 높은데, 5년 뒤부터는 7%가 적용되어 이자만 연간 700만 원을 내야 한다는 이야기지요.

그래서 삼겹살에게 1차 스텝업 직전에 조기 상환할 수 있는 콜옵션을 부여합니다. 만약 1차 스텝업 때 콜옵션을 행사하지 못했다면 이후 연초마다 다시 콜옵션을 행사할 수 있게 해주는 조건이라고 해 봅시다. 삼겹살은 어지간하면 1차 스텝업 전에 영구채를 조기 상환하려 할 것입니다.

그렇다면 이 영구채는 사실상 5% 금리의 5년 만기 일반회사채나 마찬가지인 셈이지요. 왜 5년 만기 일반 회사채와 다름없는 채권을 영구채로 발행할까요? 아무래도 발행 시 자본으로 분류할 수 있다는 점이 가장 매력적인 요소일 것 같습니다.

전환사채(CB)도 30년 만기에 연장 가능 조건을 붙여 영구채로 발행할 수 있습니다. 이렇게 자본으로 분류되는 영구채를 '신종자본증권'이라고 합니다.

[(주)삼겹살의 신종자본증권(영구채) 발행]

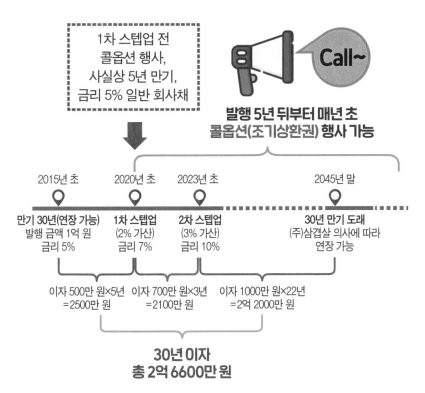

1차 스텝업 전
콜옵션 행사,
사실상 5년 만기,
금리 5% 일반 회사채

Call~

발행 5년 뒤부터 매년 초
콜옵션(조기상환권) 행사 가능

2015년 초	2020년 초	2023년 초	2045년 말
만기 30년(연장 가능)	1차 스텝업	2차 스텝업	30년 만기 도래
발행 금액 1억 원	(2% 가산)	(3% 가산)	(주)삼겹살 의사에 따라
금리 5%	금리 7%	금리 10%	연장 가능

이자 500만 원×5년
=2500만 원

이자 700만 원×3년
=2100만 원

이자 1000만 원×22년
=2억 2000만 원

30년 이자
총 2억 6600만 원

현대로템과 이마트 영구채 해석해보기

●●● 현대로템은 2019년 11월 제1회 1000억 원, 12월 제2회 500억 원 등 두 번에 걸쳐 총 1500억 원의 신종자본증권(영구채)을 발행했습니다. 금리는 발행 후 2년간은 연 4.5%, 2년 뒤부터 3년까지는 연 2.5%와 조정금리(국고채 수익률 변화)를 더해주기로 했습니다. 발행 3년 이후부터는 해마다 직전 이자율에 무조건 0.5%를 더합니다. 현대로템은 1차 스텝업 시점 및 그 이후 1년마다 콜옵션을 행사할 수 있습니다.

1차 스텝업이 일어나는 2021년 11월의 조정금리를 '0'이라고 해 봅시다. 이때부터 금리는 7%(최초금리 4.5%+가산금리 2.5%+조정금리 0%)가 되지요. 이대로 간다면 영구채 발행 11년 뒤인 2030년 말쯤이면 11% 금리가 적용됩니다. 7%+4%(0.5%×8년)가 되니까요. 현대로템으로서는 이자 부담을 고려하면 1차 스텝업 때 콜옵션을 행사해 조기 상환할 것으로 예상됩니다. 이렇게 되면 이 영구채는 사실상 4.5% 이자를 주는 2년 만기 일반 회사채나 다름없지요. 그래서 신용평가사들은 기업 신용평가 시 영구채의 스텝업이나 콜옵션 조건 등을 검토해 일반적으로 전액 자본으로 인정하지는 않습니다. 일부 금액은 차입금으로 평가한다는 겁니다.

이마트는 2019년 4월 제3회 영구채(발행금리 연3.61%)를 4000억 원 발행했습니다. 5년 뒤인 2024년 4월부터 2029년 4월까지 5년간 적용되는 금리는 '5년 만기 국고채수익률+가산금리'로 바뀝니다. 그리고 2029년 4월~2044년 4월까지는 '5년 만기 국고채 수익률+가산금리+0.25%(1차 스텝업)', 2044년 4월부터 상환 완료 시까지는 '5년 만기 국고채 수익률+가산금리+0.25%+0.75%(2차 스텝업)'가 적용됩니다.

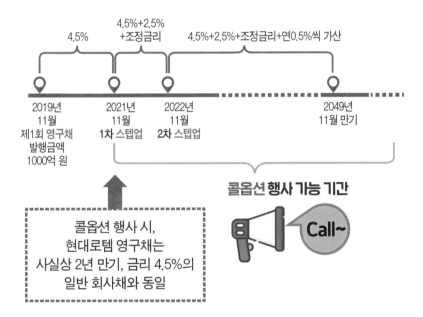

**(주)현대로템 2019년 11월
제1회 신종자본증권(영구채) 1000억 원 발행**

4.5%

4.5%+2.5%
+조정금리

4.5%+2.5%+조정금리+연0.5%씩 가산

2019년
11월
제1회 영구채
발행금액
1000억 원

2021년
11월
1차 스텝업

2022년
11월
2차 스텝업

2049년
11월 만기

콜옵션 행사 가능 기간

Call~

콜옵션 행사 시,
현대로템 영구채는
사실상 2년 만기, 금리 4.5%의
일반 회사채와 동일

풀무원 공모 영구채는
왜 참패했을까?

●●● 기업이 발행하는 회사채 중에는 회사가 파산이나 청산, 법정관리(회생절차) 등에 들어갈 때 상환 순위가 뒤로 밀리는 것이 있습니다. 후순위 채권이라고 하지요. 주주보다는 앞서지만 다른 일반 채권보다는 상환을 늦게 받기 때문에 청산 시 사실상 받을 것이 별로 없다고 봐도 됩니다.

㈜풀무원은 2019년 9월 30년 만기 후순위 전환사채(CB) 700억 원을 일반 공모로 발행한다고 공시했습니다. 그런데 만기를 계속해 연장할 수 있는 조건이 붙었습니다. 신종자본증권(영구채)인 셈이지요. 발행 이후 5년간 이자는 연 4.8%, 이후부터는 5년마다 금리를 재산정해 적용하기로 했습니다. 재산정 금리는 채권평가회사들이 평가한 풀무원의 5년 만기 일반 회사채 수익률에 1.262%를 더하고 다시 2.50%를 합산한 금리로 하기로 했지요.

발행 5년째 되는 날 풀무원의 5년 만기 일반 회사채 평가 수익률을 3.5%라고 가정하면 재산정금리는 7.262%(3.5%+1.262%+2.5%)까지 올라갑니다. 만기 때까지 재산정금리는 대략 이 정도의 높은 금리 수준이 유지될 것으로 보입니다. 따라서 풀무원으로서는 5년 후 콜옵션을 행사할 수밖에 없는 거지요.

이 회사가 발행한 영구채는 CB이기 때문에 투자자 입장에서는 전환가격이 중요하겠지요. 발행 한 달 뒤부터 투자원금의 보통주 전환이 가능합니다. 주당 전환가격이 2만 7000원입니다. 당시 주가 수준보다 무려 세배 가까이 높은 금액이었지요. 투자자들이 전환 차익을 기대하기에는 전환가격이 너무 높았습니다. 이 공모 영구채에는 불과 57억 원의 청약이 들어왔습니다.

풀무원 30년 만기 공모 후순위 전환사채(CB) 700억 원 추진

- 만기 : 30년
- 보통주 전환가격 : 2만 7000원

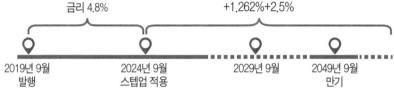

발행 후 매 5년마다 재산정금리 적용

금리 재산정 공식
= 풀무원 5년 만기 회사채 수익률(민간평가사 평가수치)
+1.262%+2.5%

금리 4.8%

2019년 9월
발행

2024년 9월
스텝업 적용

2029년 9월

2049년 9월
만기

(민간평가사 평가수치를 3.5%로 가정)
금리=3.5%+1.262%+2.5%=7.26%

Call~ 콜옵션 행사 가능 기간

[풀무원 주가 추이]

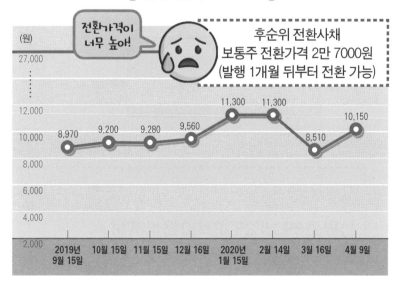

전환가격이 너무 높아!

후순위 전환사채
보통주 전환가격 2만 7000원
(발행 1개월 뒤부터 전환 가능)

(원)

27,000

12,000

11,300   11,300

10,150

10,000

8,970   9,200   9,280   9,560   8,510

8,000

6,000

4,000

2,000

2019년 9월 15일   10월 15일   11월 15일   12월 16일   2020년 1월 15일   2월 14일   3월 16일   4월 9일

"내게 주식을 팔아주시오" 공개매수의 목적과 방법

●●● ㈜삼겹살은 ㈜항정살 지분 35%를 보유하고 있습니다. 삼겹살 경영진은 항정살에 대한 지분율이 낮아 지배력을 좀 더 강화할 필요가 있다고 생각하고 있습니다. 그래서 항정살 지분 25%를 '공개매수'하기로 했습니다. 공개매수는 증권시장 내에서 주식을 사는 게 아닙니다. 장외에서 주당 얼마의 가격으로, 몇 주를, 언제부터 언제까지 사겠다고 공시하고 항정살 주주들의 응모를 받는 것입니다.

만약 삼겹살이 100주를 사겠다고 했는데, 항정살 주주 A, B, C가 각각 90주, 70주, 40주 등 총 200주를 응모했다면 어떻게 될까요? 삼겹살은 이 200주를 모두 매입할 수도 있습니다. 아니면 경쟁률(2대 1)에 따라 적절히 나눠 매입할 수도 있지요. 즉 A에게 45주, B에게 35주, C에게 20주를 매수합니다. 삼겹살은 공개매수 방법을 공시할 때 예정 매수량보다 더 많은 응모가 들어오면 어떻게 처리할지를 미리 밝혀야 합니다. 반대로 A 30주, B 15주, C 5주 등 총 50주 만이 응모해 예정 매수량에 미달했을 경우에도 삼겹살이 응모물량을 다 매수할지 아니면 아예 한 주도 매수하지 않을지를 미리 밝혀야 합니다.

공개매수 가격은 최근 시세보다는 15~20% 할증한 수준에서 결정됩니다. 그래야 공개매수에 응하겠지요. 공개매수 목적은 다양합니다. 삼겹살처럼 자회사에 대한 지배력 강화를 위해 사용하기도 하고, 다른 회사에 대해 적대적 인수합병을 추진할 때 사용할 수도 있습니다. 일반 주주들의 지분을 모두 사들여 회사를 상장폐지하거나, 지주회사가 자회사에 대한 '지분율 확보 요건'을 충족하기 위해 공개매수를 하기도 합니다.

(주)삼겹살의 (주)항정살 지분 공개매수

공개매수자 → 공개매수 대상기업

(주)삼겹살

(주)항정살 주주

공개매수

장외시장에서 주당 얼마에,
총 몇 주를, 언제부터 언제까지,
무슨 목적으로 공개 매입하는지 공시

[목표보다 공개매수 응모 물량이 많은 경우]

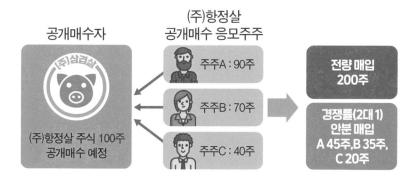

공개매수자

(주)항정살 주식 100주
공개매수 예정

(주)항정살
공개매수 응모주주

주주A : 90주
주주B : 70주
주주C : 40주

전량 매입
200주

경쟁률(2대1)
안분 매입
A 45주, B 35주,
C 20주

[목표보다 공개매수 응모 물량이 적은 경우]

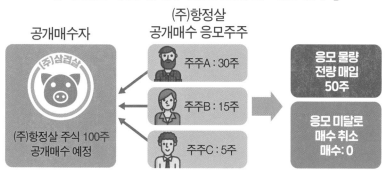

공개매수자

(주)항정살 주식 100주
공개매수 예정

(주)항정살
공개매수 응모주주

주주A : 30주
주주B : 15주
주주C : 5주

응모 물량
전량 매입
50주

응모 미달로
매수 취소
매수 : 0

한화갤러리아타임월드, '공개매수+포괄적 주식교환'으로 자진상폐

●●● 2019년 11월 ㈜한화갤러리아(이하 갤러리아)가 ㈜한화갤러리아타임월드(이하 타임월드)에 대한 공개매수 신청서를 공시했습니다. 갤러리아는 유가증권시장(코스피) 상장사인 타임월드의 대주주(지분율 69.5%)인데요, 타임월드 주주들에게 지분 28.9%(173만 1231주)를 공개적으로 사들이겠다고 선언한 것이지요. 주식뿐 아니라 주주들이 보유한 신주인수권증서도 매수 대상이었습니다.

공개매수 목적은 타임월드 상장폐지였습니다. 상장사로 있으면 까다로운 공시 의무도 져야 하고 신속한 의사결정에도 걸림돌이 많다고 생각한 것 같습니다. 공개매수에 성공하면 갤러리아가 보유한 타임월드 지분이 98%가 넘기 때문에 타임월드는 '지분율 분산 요건' 미충족으로 상장폐지 대상 기업이 됩니다.

갤러리아는 애초에는 타임월드 일반 주주들과 포괄적 주식교환을 단행해 타임월드를 100% 자회사화하는 방식으로 상장폐지하려 했습니다. 포괄적 주식교환은 타임월드 주주 지분을 갤러리아가 다 넘겨받고, 이에 대한 보상으로 갤러리아 신주나 현금을 지급해주는 것입니다.

갤러리아는 계획을 바꿔 일단 시세보다 할증한 주당 2만 6000원(신주인수권증서는 892원)에 공개매수하고, 이에 응하지 않은 지분에 대해서는 현금 지급 방식(주당 2만 3256원)의 포괄적 주식교환을 추진하기로 했습니다. 갤러리아는 공개매수로 95만 9816주를 확보했습니다. 이후 포괄적 주식교환으로 일반 주주들이 보유한 나머지 77만 1415주를 모두 취득해 타임월드를 상장폐지시켰습니다.

한화갤러리아타임월드 자진 상장폐지

[1차 : 공개매수]

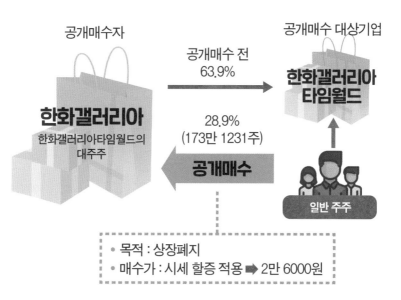

공개매수자

공개매수 대상기업

한화갤러리아
한화갤러리아타임월드의
대주주

공개매수 전
63.9%

한화갤러리아
타임월드

28.9%
(173만 1231주)
공개매수

일반 주주

- 목적 : 상장폐지
- 매수가 : 시세 할증 적용 ➡ 2만 6000원

[2차: 포괄적 주식교환]

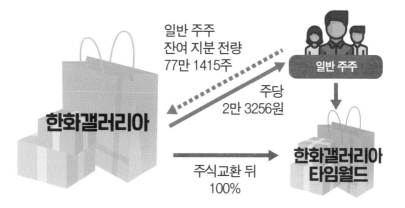

한화갤러리아

일반 주주
잔여 지분 전량
77만 1415주

일반 주주

주당
2만 3256원

한화갤러리아
타임월드

주식교환 뒤
100%

합병과 포괄적 주식교환, 무엇이 같고 무엇이 다른가?

●●● 포괄적 주식교환에 대해 좀 더 살펴볼까요. (주)삼겹살은 (주)항정살 지분을 35% 보유하고 있습니다. 삼겹살은 항정살의 65% 일반 주주들과 주식 포괄적 교환을 하기로 이사회에서 결의했습니다. 일반 주주 지분을 받는 대신 삼겹살 신주로 보상해주는 것이지요(현금 보상도 가능하나, 일반적으로는 신주로 보상합니다). 이런 식의 주식교환이 끝나면 항정살은 삼겹살의 100% 자회사가 됩니다.

앞에서 살펴본 합병과는 차이가 있습니다. 합병은 항정살이 자산과 부채를 삼겹살로 넘기고 소멸하는 겁니다. 항정살 주주들이 주식을 삼겹살로 넘기고(항정살 주식은 소각), 삼겹살 신주(또는 현금)로 보상받는 것이 합병입니다.

신한금융지주는 2018년 오렌지라이프(구 ING생명) 지분 59.15%를 인수했습니다. 그리고 완전자회사로 만들기 위해 2020년 초에 포괄적 주식교환을 단행했습니다. 금융지주회사들은 산하에 있는 은행, 보험, 증권 등의 금융회사를 대부분 100% 지배합니다.

주식을 교환하려면 교환가격이 정해져야 하겠지요. 합병 때 양사 주당 가치를 구해 합병비율을 정하는 것과 마찬가지입니다. 신한과 오렌지는 모두 상장사여서 주가를 기준으로 평가했습니다. 신한이 4만 3356원, 오렌지가 2만 8608원, 즉 주식교환비율은 1대 0.66입니다. 신한이 오렌지 지분을 59.15%나 가진 상태에서 주식교환을 하다 보니 새로 발행하는 신주 물량이 적었습니다. 그래서 소규모 교환이 되었지요. 신한과 오렌지의 주식교환은 주주총회나 주식매수청구권 부여 없이 진행되었습니다.

[삼겹살-항정살 주식의 포괄적 교환(100% 자회사화)]

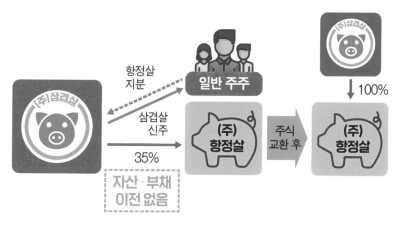

[삼겹살-항정살 합병(흡수되는 회사는 소멸)]

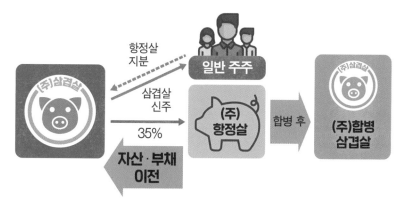

[신한금융지주-오렌지라이프 주식의 포괄적 교환]

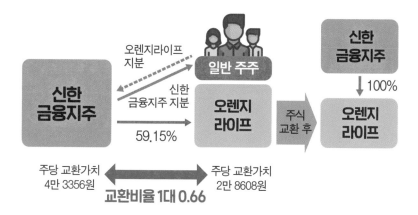

논란이 된 SK디스커버리의 공개매수 목적

●●● 2019년 10월 SK디스커버리는 자회사 SK가스에 대한 공개매수를 추진한다고 공시했습니다. 회사는 SK가스 지분을 이미 55.76%나 보유하고 있었지요. 그런데 공개매수 목적을 '경영권 안정'이라고 밝히자, 시장에서는 다소 의아해했습니다. 공개매수 예정 수량은 91만 4178주, 지분율로는 약 10%에 이르렀습니다. 매수가격 8만 7900원은 최근 한 달간 시세 대비 16% 정도 할증된 가격이었습니다.

업계에서는 이번 공개매수가 앞으로 SK가스를 상장폐지하기 위한 기반을 마련하는 작업이라고 분석하기도 했는데요. SK디스커버리 측은 이를 부인했습니다. 지배력을 더 강화해 사업과 경영의 효율성을 높이기 위한 공개매수라는 설명을 내놓았습니다. 회사가 자기주식(자사주)을 공개매수 방식으로 사들이는 경우가 아주 간혹 있습니다. 대주주의 경영권이 취약한 경우 자기주식을 일단 대량확보해 놓습니다. 자기주식은 의결권이 없습니다. 나중에 경영권 분쟁이 생기면 이를 우호 세력에게 넘겨 의결권을 부활시킴으로써 경영권을 방어하겠다는 것입니다. 회사 자금이 대주주 경영권 방어용으로 쓰이는 것이므로 바람직하지 않습니다.

적대적 인수합병을 추진할 때 대량의 지분을 한 번에 매집해 경영권을 공격하기에는 공개매수가 적격입니다. 하지만 주가가 급등하기 때문에 공개매수 가격 상승 부담이 있습니다. 주가 가치 제고 차원에서 공개매수 방식으로 자기주식을 매입하는 기업들도 있습니다.

[SK디스커버리-SK가스 공개매수]

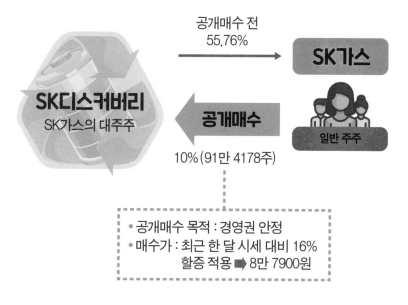

공개매수 전
55.76%

SK가스

SK디스커버리
SK가스의 대주주

공개매수

일반 주주

10%(91만 4178주)

- 공개매수 목적 : 경영권 안정
- 매수가 : 최근 한 달 시세 대비 16%
  할증 적용 ➡ 8만 7900원

[공개매수의 여러 가지 목적]

- 경영권 안정, 지배력 강화, 경영권 방어
- 상장폐지
- 적대적 인수합병
- 우호적 인수합병
- 지주회사 요건 충족
- 주주 가치 제고

○○주식 □□주를
△△원에 ◇◇일까지
공개매수하겠습니다.
○○주주님들은 제게
주식을 팔아주세요.

회계 · 공시 완전정복 로드맵

회계   Basic

매출원가,
감가상각,
손상차손…
분명 우리말인데
외국어 같아요.

수익이랑
이익이 같은 말
아닌가요?

회계 책만
수십 권 있는데
끝까지 본 책은
한 권도 없어요.

김수헌 · 이재홍 지음 | 458쪽 | 20,000원

공시   Basic

감자요?
내가 아는
감자는
먹는 감자뿐이오.

주식투자
1일차!
기업공시가
뭔가요???

기업을
인수하는데 왜
유상증자를
하는 거죠?

김수헌 지음 | 297쪽 | 16,800원

Intermediate · Advanced

회계가
현장에서 어떻게
적용되는지
궁금합니다.

김수헌·이재홍 지음 | 287쪽 | 16,800원

김수헌·이재홍 지음 | 475쪽 | 20,000원

Intermediate · Advanced

투자승률을
높이는 비결은
오직 철저한
기업 분석뿐!

김수헌 지음 | 462쪽 | 20,000원

김수헌 지음 | 494쪽 | 20,000원

| 어바웃어북의 주식투자 필독서 |

쌀 때 사서 비쌀 때 파는
저평가 우량주 투자지도
| 한국비즈니스정보 지음 | 25,000원 |

증권사마다 목표주가를 상향조정한 미래가치주 100선!

이 책은 반도체, 배터리, 수소/전기차, 자율주행, 메타버스, 바이오,
친환경, K-콘텐츠 등 신성장 산업에서 기업가치에 비해 저평가된
우량주 100개 종목을 선별하여 투자포인트와 목표주가를 분석했다.
1주당 수십만 원이 넘는 대형주 투자가 부담스러운 투자자를 위한
맞춤형 투자전략 리포트.

주린이를 위한 1일 1페이지
투자공부 365
| 한국비즈니스정보 지음 | 18,000원 |

1일 1페이지 꾸준한 투자공부로 알토란 투자처를 발굴한다!

주식 투자에 첫발을 내딛는 당신이 주식계좌 개설보다 먼저 해야 할
일은 '투자공부'다. 이 책은 주식 투자자들이 반드시 알아야 할 365개의
열쇳말(키워드)를 [월]주식용어, [화]투자이슈, [수]업종전망, [목]회계/공시,
[금]유망종목, [토]언택트/바이오, [일]K-뉴딜 구성한 뒤 핵심 투자처를
분석했다.

전지적 투자자 시점에서 건진
공시줍줍
| 김보라, 박수익 지음 | 18,000원 |

주린이들의 투자 레벨 떡상 프로젝트!

이 책은 하루에도 수십 개씩 발표되는 기업공시 가운데, 주식투자자에게
꼭 필요한 공시만을 뽑아 설명한다. 주제 선정 뿐만 아니라 공시를
분석하는 데 있어서도 철저하게 '전지적 투자자 시점'을 따른다.
아울러 공시를 실전 투자에 활용하는 방법을 MTS 화면을 바탕으로
상세히 설명한다.